coleção primeiros passos 165

Jair Ferreira dos Santos

O QUE É PÓS-MODERNO

Copyright © by Jair Ferreira dos Santos, 1986
Nenhuma parte desta publicação pode ser gravada,
armazenada em sistemas eletrônicos, fotocopiada,
reproduzida por meios mecânicos ou outros quaisquer
sem autorização prévia do editor.

Primeira edição, 1986
29ª reimpressão, 2014
Diretora Editorial: *Maria Teresa B. de Lima*
Editor: *Max Welcman*
Revisão: *Rosana N. Morales* e *Newton T. L. Sodré*
Capa: *Carlos Matuck*
Atualização da Nova Ortografia: *Natália Chagas Máximo*

Dados Internacionais de Catalogação na Publicação (CIP)
(Câmara Brasileira do Livro, SP, Brasil)

Santos, Jair Ferreira dos
 O que é pós-moderno / Jair Ferreira dos Santos --
São Paulo: Brasiliense, 2012 -- (Coleção Primeiros Passos ; 165)
28ª reimpr. da 1ª ed. de 1986.

 ISBN 978-85-11-01165-4
 1. Pós-modernismo I. Título. II. Série

08-08828   CDD-709.045

Índices para catálogo sistemático:
1. Pós-modernismo   709.04

editora brasiliense ltda
Rua Antônio de Barros, 1839 – Tatuapé
Cep 03401-001 – São Paulo – SP
www.editorabrasiliense.com.br

SUMÁRIO

I. Vem comigo que no caminho eu explico 7
II. Do boom ao bit ao blip 20
III. Do sacrossanto não ao zero patafísico 32
IV. Anartistas em nuliverso 43
V. Adeus às ilusões 70
VI. A massa fria com narciso no trono 86
VII. Demônio terminal e anjo anunciador 107
Indicações para leitura 113
Sobre o autor 115

Para
Érica Villa,
no brilho dos seus dez anos

e para

Marilu Mártens,
e Ruy e Arlene Sampaio

Todo livro nasce também da colaboração voluntária ou involuntária de amigos. Devo Agradecer, portanto, a Carlos Alberto de Mattos, Eduardo Neiva Jr., Elvira Borges, Sonia Khède, Arthur Omar, Lúcia Mattos, Camilo Attie, Lina Soares, Carlos Deane, Maria Emília Bender, Bruno Bonvini, Dráuzio Gonzaga e Antonio Fernando.

VEM COMIGO QUE NO CAMINHO EU EXPLICO

Caçando o fantasma

Há qualquer coisa no ar. Um fantasma circula entre nós nestes anos 1980: o pós-modernismo. Uma vontade de participar e uma desconfiança geral. Jogging, sex-shops, mas gente dizendo: "Deus está morto, Marx também e eu não estou me sentindo muito bem." Videogames em casa, auroras de laser na danceteria. Nietzsche e Boy George comandam o desencanto radical sob o guarda-chuva nuclear. Nessa geleia total, uns veem um piquenique no jardim das delícias; outros, o último tango à beira do caos.

Pós-modernismo é o nome aplicado às mudanças ocorridas nas ciências, nas artes e nas sociedades avançadas desde 1950, quando, por convenção, se encerra o modernismo (1900-1950). Ele nasce com a arquitetura e a computação nos anos 1950. Toma corpo com a arte Pop nos anos 1970. Cresce ao entrar pela filosofia, durante os anos 1970, como crítica da cultura ocidental. E amadurece hoje, alastrando-se na moda, no cinema, na música e no cotidiano programado pela *tecnociência* (ciência + + tecnologia invadindo o cotidiano com desde alimentos processados até microcomputadores), sem que ninguém saiba se é decadência ou renascimento cultural.

Mas apertemos o cerco ao fantasma. Imaginemos uma fabulazinha onde o herói seja um certo urbanoide pós-moderno: você. Ao acordá-lo, o rádio-relógio digital dispara informações sobre o tempo e o trânsito. Ligando a FM, lá está o U-2. O vibromassageador amacia-lhe a nuca, enquanto o forno microondas descongela um sanduíche natural. No seu micro Apple II, sua agenda indica: REUNIAO AGÊNCIA 10H/ TÊNIS CLUBE 12H/ALMOÇO/TROCAR CARTÃO MAGNÉTICO BANCO/ TRABALHAR 15H/PSICOTERAPIA 18H/SHOPPING/OPÇÕES: INDIANA JONES- BLADE RUNNER VIDEOCASSETE ROSE, SE LIGAR / SE NAO LIGAR, OPÇOES: LER O NOME DA ROSA (ECO) — DALLAS NA TV — DORMIR COM SONÍFEROS VITAMINADOS/.

Seu programa rolou fácil. Na rua divertiu-se pacas com a manifestação feminista pró-aborto que contava com um bloco só de freiras e, a metros dali, com a escultura que refazia a *Pietá* (aquela do Miguelângelo) com baconzitos e cartões perfurados. Rose ligou. Você embarcou no filme *Indiana Jones* sentado numa poltrona estilo *Menphis* — uma pirâmide laranja em vinil — desfiando piadas sobre a tese dela em filosofia: *Em Cena, a Decadência*. A câmera adaptada ao vídeo filmou vocês enquanto faziam amor. Será o pornô que animará a próxima vez.

Ao trazê-lo de carro para casa, Rose, que esticaria até uma festa, veio tipo impacto: maquiagem teatral, brincos enormes e uma gravata prateada sobre o camisão lilás. Na cama, um sentimento de vazio e irrealidade se instala em você. Sua vida se fragmenta desordenadamente em imagens, dígitos, signos — tudo leve e sem substância como um fantasma. Nenhuma revolta. Entre a apatia e a satisfação, você dorme.

A fabulazinha, claro, não tem moral nem permite conclusões, mas põe na bandeja os lugares por onde circula o fantasma pós-moderno.

1. Para começar, ele invadiu o cotidiano com a tecnologia eletrônica de massa e individual, visando à sua *saturação* com informações, diversões e serviços. Na Era da

Informática, que é o tratamento computadorizado do conhecimento e da informação, lidamos mais com signos do que com coisas. O motor a explosão detonou a revolução moderna há um século; o *chip*, microprocessador com o tamanho de um confete, está causando o rebu pós-moderno, com a *tecnologia* programando cada vez mais o dia a dia.

2. Na economia, ele passeia pela ávida sociedade de consumo, agora na fase do consumo personalizado, que tenta a *sedução* do indivíduo isolado até arrebanhá-lo para sua *moral hedonista* — os valores calcados no prazer de usar bens e serviços. A fábrica, suja, feia, foi o templo moderno; o shopping, feérico em luzes e cores, é o altar pós-moderno.

3. Mas foi na arte que o fantasma pós-moderno, ainda nos anos 1950, começou a correr mundo. Da arquitetura ele pulou para a pintura e a escultura, dar para o romance e o resto, sempre satírico, pasticheiro e sem esperança. Os modernistas (vejam Picasso) complicaram a arte por levá-la demasiado a sério. Os pós-modernistas querem rir levianamente de tudo.

4. Enfim, o pós-modernismo ameaça encarnar hoje estilos de vida e de filosofia nos quais viceja uma ideia tida como arquissinistra: o *niilismo*, o nada, o vazio, a ausência de valores e de sentido para a vida. Mortos Deus e os grandes ideais do passado, o homem moderno valorizou a Arte,

a História, o Desenvolvimento, a Consciência Social para se salvar. Dando adeus a essas ilusões, o homem pós-moderno já sabe que não existe Céu nem sentido para a História, e assim se entrega ao presente e ao prazer, ao consumo e ao individualismo. E aqui você pode escolher entre ser:

a) *a criança radiosa* — o indivíduo desenvolto, sedutor, hedonista integrado à tecnologia, narcisista com identidade móvel, flutuante, liberado sexualmente, conforme o incensam Lipovestsky, Fiedler e Toffler, alegres gurus que vamos visitar logo mais;

b) *o androide melancólico* — o consumidor programado e sem história, indiferente, átomo estatístico na massa, boneco da tecnociência, segundo o abominam Nietzsche e Baudrillard, Lyotard, profetas do apocalipse cujo evangelho também vamos escutar.

Assim, tecnociência, consumo personalizado, arte e filosofia em torno de um homem emergente ou decadente são os campos onde o fantasma pós-moderno pode ser surpreendido. Ele ainda está bastante nebuloso, mas uma coisa é certa: *o pós-modernismo é coisa típica das sociedades pós-industriais baseadas na Informação* — EUA, Japão e centros europeus. A rigor nada tem a ver com o Brasil, embora já se assista a um trailer desse filme por aqui.

Bye, bye, real

Tornemos mais concretas as coisas. Vejamos o que significa o ambiente pós-moderno. Saque essa. "Que criança linda" — disse a amiga à mãe da garota. — "Isto é porque você não viu a fotografia dela a cores" — respondeu a mãe! Cínica, a piada contém a essência da pós-modernidade: preferimos a imagem ao objeto, a cópia ao original, o simulacro (a reprodução técnica) ao real. E por quê? Porque desde a perspectiva renascentista até a televisão, que pega o fato ao vivo, a cultura ocidental foi uma corrida em busca do *simulacro* perfeito da realidade. Simular por imagens como na TV, que dá o mundo acontecendo, significa apagar a diferença entre real e imaginário, ser e aparência. Fica apenas o simulacro passando por real. Mas o simulacro, tal qual a fotografia a cores, embeleza, intensifica o real. Ele fabrica um *hiper-real, espetacular*, um real mais real e mais interessante que a própria realidade.

Observe o videoclip que abre o programa de TV *Fantástico, o Show da Vida*, que já no título *espetaculariza* o viver. Uma pirâmide e um cone dourados evoluem na tela, fragmentam-se em anéis transformados em plataformas suspensas onde bailarinos em trajes ao mesmo tempo futuristas e antigos dançam uma peça musical executada por orquestra e sintetizador. Para quem não sabe, o balé foi filmado em palco normal no Maracanãzinho e um computador recortou toda a sequencia para imprimi-la sobre as plataformas aéreas, cujos movimentos também foram criados por computação. O show na verdade não é nem a energia misteriosa simbolizada pela pirâmide (passado), nem a ciência sugerida pelo cone (futuro), mas a dança livre da matéria no espaço, a levitação simulada tecnologicamente. Aliada ao computador, a televisão simulou um espaço hiper-real, espetacular, que excita e alegra como um acrobata.

E daí? Daí que a levitação, em si desejável, mas inviável na gravidade, parece ser possível na TV. O hiper-real simulado nos fascina porque é o real intensificado na cor, na forma, no tamanho, nas suas propriedades. É um quase sonho. Veja um close do iogurte Danone em revistas ou na TV. Sua superfície é enorme, lustrosa, sedutora, tátil — dá água na boca. O Danone verdadeiro é um alimento mixuruca, mas seu simulacro hiper-realizado amplifica, satura sua realidade. Com isso, somos levados a exagerar nossas expectativas e modelamos nossa sensibilidade por imagens sedutoras.

O ambiente pós-moderno significa basicamente isso: entre nós e o mundo estão os meios tecnológicos de comunicação, ou seja, de simulação. Eles não nos informam sobre o mundo; eles o refazem à sua maneira, hiper-realizam o mundo, transformando-o num espetáculo. Uma reportagem a cores sobre os retirantes do Nordeste deve primeiro nos seduzir e fascinar para depois nos indignar. Caso contrário, mudamos de canal. Não reagimos fora do espetáculo.

Breve babado teórico

Se o ambiente pós-moderno é dominado pela tecnociência aplicada à informação e à comunicação, este é o caminho para se encurralar o fantasma. Seja Reagan ou Brucutu das cavernas, o homem é Linguagem. Palavra, desenho, escrita, pintura, foto, imagem em movimento, são linguagens para a comunicação feitas com *signos* em *códigos* que, gerando *mensagens* (como esta frase em português), *representam* a realidade para o homem. Livro, jornal, cinema, rádio, tv, são *meios* que vieram ampliar o público e acelerar a circulação das mensagens. Só recentemente se reconheceu a importância desse Quarto Poder, mas há tempos existem ciências para estudá-lo: uma é a Semiologia (ciência dos signos), a outra é a Teoria da Comunicação.

O esqueminha a seguir é o famoso modelo de signo bolado pelos semiólogos ingleses Ogden e Richards e que, tendo muito a ver com a Linguística, a Cibernética, a Estética e até a Filosofia, serve para explicar carradas de coisas na atualidade. *Signo* é toda palavra, número, imagem ou gesto que representa indiretamente um *referente* (uma cadeira) através de uma *referência* (a ideia da cadeira na nossa cabeça).

Desde a Antiguidade, os filósofos olharam, quando olharam, com desconfiança para a Linguagem. Os idealistas explicavam a matéria pelo espírito, os materialistas caíam na explicação inversa, mas quase ninguém foi fundo na questão dos signos. Ora, descobriu-se há alguns anos, com a Linguística, a Antropologia, a Psicanálise, que, para o homem, não há pensamento, nem mundo (nem mesmo homem), sem linguagem, sem algum tipo de Representação. Mais: a linguagem dos meios de comunicação dá forma tanto ao nosso mundo (referente, objeto), Quanto ao nosso pensamento (referência, sujeito). Para ser alguma coisa, sujeito e objeto passam ambos pelo signo. A pós-modernidade é também uma Semiurgia, um mundo super-recriado pelos signos.

Quando nosso urbanoide, na fabulazinha, se sente irreal, o ego e o mundo surgindo-lhe vagos como um fantasma, é porque ele manipula cada vez mais signos em vez de coisas. Sua sensibilidade é frágil, sua identidade, evanescente. Na pós-modernidade, matéria e espírito se esfumam em imagens, em dígitos num fluxo acelerado. A isso os filósofos estão chamando *desreferencialização do real* e *dessubstancialização do sujeito*, ou seja, o referente (a realidade) se degrada em fantasmagoria e o sujeito (o indivíduo) perde a substância interior, sente-se vazio.

Há exemplos chocantes disso. Quanto ao referente: compra-se um Monza não tanto por suas qualidades técnicas, mas por seu design, seu nome nobre, seus signos na publicidade, que compõem uma imagem de *status* e bom gosto europeizados. Compra-se um *discurso* sobre o Monza. Quanto ao sujeito: a falta de substância está na extrema diferenciação que as pessoas procuram através da moda, personalizando-se pela aparência e o narcisismo levado à extravagância; ou então, imitando modelos exóticos.

Para encerrar, uma distinção importante. Os signos podem ser *digitais* ou *analógicos*. Números, letras, línguas, são digitais porque são descontínuos e arbitrários: o número 470 tem os dígitos separados e é arbitrário com relação, por exemplo, ao ônibus que identifica. Já os analógicos são contínuos e se assemelham ao objeto representado: fotos, gráficos se parecem com aquilo que representam, seja uma criança, seja a alta dos preços.

O digital permite escolher, o analógico, reconhecer ou compreender. Com a invasão da computação digital no cotidiano (calculadoras, painéis eletrônicos), estamos assistindo à *digitalização* do social. Teclados e vídeos com letras e números surgem por toda parte, na cozinha como nos bancos, nas lojas como nos automóveis. E a própria imagem, que é analógica, está funcionando digitalizada: nas vitrines, cada liquidificador é um signo analógico dos modelos à venda, mas acha-se desenhado com traços que funcionam digitalmente para diferençá-los das outras marcas. Assim são as cores nas embalagens de sabonetes, por exemplo. Isto acelera a escolha na base do SIM/NÃO, oposição igual ao 0/1 — o *bit*, dígito binário. O bit é a base lógica do computador e constitui, atualmente, o gargalo binário por onde o social está sendo forçado a passar. Na pós-modernidade, o indivíduo vive banhado num rio de testes permanentes. Digitalizados, os signos pedem escolha. Não uma decisão profunda, existencial, mas uma resposta rápida, impulsiva, boa para o consumo.

O pós contém um des

Sublinhamos até aqui palavras que são verdadeiras senhas para invocar o fantasma pós-moderno: chip, saturação, sedução, niilismo, simulacro, hiper-real, digital, desreferencialização, etc. Dificilmente elas serviriam para descrever o mundo de 30 ou 40 anos atrás, o mundo moderno, quando se falava em energia, máquina, produção, proletariado, revolução, sentido, autenticidade. Mas se a pós-modernidade significa mudanças com relação à modernidade, o fato é que não se pode dispensar o aço, a fábrica, o automóvel, a arquitetura funcional, a luz elétrica — conquistas associadas ao modernismo. Assim, no fundo, o pós-modernismo é um fantasma que passeia por castelos modernos.

Mas as relações entre os dois são ambíguas. Há mais diferenças que semelhanças, menos prolongamentos que rupturas. O individualismo atual nasceu com o modernismo, mas o seu exagero narcisista é um acréscimo pós-moderno. Um filho da civilização industrial, mobilizava as massas para a luta política; o outro, florescente na sociedade pós-industrial, dedica-se às minorias — sexuais, raciais, culturais —, atuando na *micrologia* do cotidiano.

Por ora, contentemo-nos com saber que o *pós* contém um *des* — um princípio esvaziador, diluidor. O pós-modernismo desenche, desfaz princípios, regras, valores, práticas, realidades. A *des*-referencialização do real e a *des*-substancialização do sujeito, motivadas pela saturação do cotidiano pelos signos, foram os primeiros exemplos. Muitos outros virão.

Entendamos ainda que o pós-modernismo é um *ecletismo*, isto é, mistura várias tendências e estilos sob o mesmo nome. Ele não tem unidade; é aberto, plural e muda de aspecto se passamos da tecnociência para as artes plásticas, da sociedade para a filosofia. Inacabado, sem definição precisa, eis por que as melhores cabeças estão se batendo para saber se a "condição pós-moderna" — mescla de purpurina com circuito integrado — é decadência fatal *ou* renascimento hesitante, agonia *ou* êxtase. Ambiente? Estilo? Modismo? Charme? Para dor dos corações dogmáticos, o pós-modernismo por enquanto flutua no indecidível.

DO BOOM AO BIT AO BLIP

Apocalipse, Uau!

Simbolicamente o pós-modernismo nasceu às 8 horas e 15 minutos do dia 6 de agosto de 1945, quando a bomba atômica fez boooom sobre Hiroxima. Ali a modernidade — equivalente à civilização industrial — encerrou seu capítulo no livro da História, ao superar seu poder criador pela sua força destruidora. Desde então, o Apocalipse ficou mais próximo.

Historicamente o pós-modernismo foi gerado por volta de 1955, para vir à luz lá pelos anos 1960. Nesse período, realizações decisivas irromperam na arte, na ciência e na sociedade. Perplexos, sociólogos americanos batizaram a época de pós-moderna, usando termo empregado pelo historiador Toynbee em 1947.

Em 1955, arquitetos italianos abrem as baterias contra o internacionalismo na arquitetura moderna, propondo uma revalorização do passado e da cor local. O pintor Jaspers Johns, um pioneiro Pop, ironiza a América com sua bandeira americana sobre a tela. E John Barth publica nos EUA um romance amoral e cínico: *The Floating Opera* (*A Ópera Flutuante*). A crítica aplaude seu humor apocalíptico.

Um pouco antes, em 1953, a descoberta do DNA, o código da vida, impulsionaria o salto para a biologia molecular, hoje tão cortejada. O desenho do chip, em 1957, permitirá a redução dos computadores-dinossauros aos micros abelhas atuais. Nesse mesmo ano, o *sputinik* soviético revoluciona a astronáutica e as telecomunicações. O self-service, acoplado ao marketing e à publicidade em alta rotação, consagra o consumo massivo. A pílula, o rock, o motel, a minissaia — liberadores que emergem nos anos 1960 — preparam a paisagem desolada da civilização industrial para a quermesse eletrônica pós-industrial.

A dama de ferro

Capitalista ou socialista, a sociedade industrial descende da máquina, produtora de artigos em série padronizados.

Sua canção é uma só; boom — explodir, expandir. No século XVIII, essa dama de ferro celebra as núpcias da Ciência com a Liberdade individual do burguês capitalista para gerar o Progresso, e cria o chamado Projeto Iluminista da modernidade: o desenvolvimento material e moral do homem pelo Conhecimento.

A essa dama pode ser creditado o imenso progresso das nações capitalistas nos séculos XIX e XX, progresso fundado nas grandes fábricas, ferrovias, navegação e, claro, na exploração. Com ela vieram o automóvel e o avião; o telégrafo, o telefone, o rádio, a TV; o petróleo e a eletricidade; o crédito ao consumidor e a publicidade; o indivíduo burguês, sujeito livre, empreendedor, e seu arquiinimigo, o operário revolucionário; junto com macroempresas burocratizadas, rotinizando a vida, ela promoveu o Estado nacional, que cuida dos serviços (saúde, transporte, ensino) e exerceu, modernamente, o controle social e político (exército, polícia),

Completando o cenário moderno, com a dama de ferro expandiram-se também as metrópoles industriais, as classes médias consumidoras de moda e lazer; surgiu a família nuclear (marido-mulher-filhos isolados no ap) e a cultura de massa (revista, filme, romance policial, novela de TV). Dando a vitória à Razão técnico-científica, inspirada no Iluminismo, a máquina fez recuar a tradição, a religião, a moral e ditou novos valores — mais livres, urbanos, mas sempre atrelados ao progresso social. Por fim, ela gerou a massa industrial, combativa, e o indivíduo mecanizado, solitário na multidão das grandes cidades, desumanizado, tema tão explorado pela arte moderna.

Essa imagem da civilização moderna industrial, assentada na produção e na máquina, iria se modificar desde os anos 1950, ao rumar para a sociedade pós-industrial, mobilizada pelo consumo e a informação.

Rede pensante, gandaia global

O que há de comum entre um empréstimo noturno ao Brasil por um banco de Tóquio e o penteado simulado por um computador gráfico num cabeleireiro em Nova York? Há o seguinte: 1) são serviços; 2) são informação e comunicação, dependendo de tecnologias avançadas como o computador, o satélite (há 1.000 deles no cosmos); 3) chegaram com a sociedade pós-industrial e a multinacional; 4) significam a *desmaterialização* da economia pela informação; 5) constituem o próprio cenário pós-moderno.

No ano 2000, diz relatório da empresa de consultoria Rand Corporation, 2% da força de trabalho produzirão todos os bens necessários à sociedade americana. O resto estará manipulando signos nos setores de serviços e técnico-científicos.

Esquema de mudança social de Daniel Bell (adaptado)

	Pré-industrial	Industrial	Pós-industrial
Regiões	Ásia, África, América Latina	Europa Ocid. Oriental	EUA, Japão, Centros europeus
Setores	Primário: caça, pesca, agric. extração	Secundário: Industrial	Terciário: serviços, saúde, consumo, educação, pesquisa, comunicação
Ocupação	Agricultor, mineiro n/ especializado	Operário especializado, engenheiro	Técnicos e cientistas
Tecnologia	Matérias-primas	Energia	Informação
Projeto	Jogo c/ natureza	Jogo c/ máquina	Jogo entre pessoas
Metodologia	Senso comum, exper.	Empirismo, experim.	Teoria, modelos, sistemas, simulação comput.
Perspectiva	Passado/repetição	Presente/adaptação	Futro/programação
Princíio	Tradição/terra	Expensão econômica	Centralização, codificação do conhecimento

Isto será possível pela automação quase completa da produção industrial. Essa automação é resultado da segunda revolução industrial ora em marcha, capitaneada pela tecnociência, em especial a informática.

No esquema proposto pelo sociólogo americano Daniel Bell, vemos que a sociedade industrial produz bens materiais, enquanto a pós-industrial consome serviços, isto é, mensagens entre pessoas. Comércio, finanças, lazer, ensino, pesquisa científica não exigem fábricas com linha de montagem, mas pedem um aceleradíssimo sistema de informação. Da balística dos mísseis ao ticket de metrô, tudo é signo processado, passado pela lógica 0/1 do computador. Eis por que o boom se faz bit, e as grandes fábricas convivem, superadas em número, com pequenas empresas de serviços tendo menos de 300 funcionários.

Codificar e manipular o conhecimento e a informação na lógica 0/1 é vital para as sociedades pós-industriais, também chamadas sociedades programadas, onde cada serviço — banco, biblioteca, turismo — tem uma tela e um teclado com dígitos para você operar. A *programação* da produção, do consumo e da vida social significa projetar o comportamento (produtivo, consumidor e social) a partir de informações prévias. O objetivo é aumentar a performance, o desempenho (veja a diferença de rapidez entre a perfuração manual e a eletrônica dos cartões de loteria!).

As sociedades pós-industriais são programadas e performatizadas pela tecnociência para produzir mais e mais rápido, em todos os setores, e com isso, presumivelmente, facilitar a vida das pessoas.

Assim, é mais importante descobrir um programa para computadorizar um torno mecânico do que fabricar milhares de tornos mecânicos. O desenvolvimento é função da *qualidade* do conhecimento técnico-científico aplicado à produção. As novas indústrias dos anos 1970 — química fina, eletrônica, aeroespacial, comunicações — estão fundadas integralmente na tecnociência. A grande vantagem é que não se precisa mais recorrer ao experimento físico. O conhecimento prévio resolve a questão. Basta levar um modelo teórico ao computador, previamente instruído com dados, e se tem uma *simulação* completa das soluções possíveis para o problema, com gráficos no vídeo ou simulacros em laser a três dimensões (hologramas). Poupam-se tempo e dinheiro. Edifícios em Londres e a invasão de Granada pelos EUA foram projetados assim.

Isso posto, temos que, nas sociedades programadas, a tecnociência atravessa de ponta a ponta a vida cotidiana. O ambiente pós-moderno é povoado pela cibernética, a robótica industrial (no Japão há 150 mil robôs nas indústrias), a biologia molecular, a medicina nuclear, a tecnologia de alimentos, as terapias psicológicas, a climatização, as técnicas de embelezamento, o trânsito computadorizado, junto com o walkman, o videogame, o videocassete, o videodata (tv-computador-telefone), a TV por cabo (já em 40% dos lares nos EUA, com 6 mil empresas no setor) e os computadores domésticos. Essa revolução, em grande parte, se deve ao *chip*. Com milhares de microcircuitos em 1/2 cm², ele reduziu a computação à escala individual.

Pois bem, depois que a matéria se desintegrou em energia (*boom*) e esta agora se sublima em informação (*bit*), assistimos na sociedade pós-industrial à *desmaterialização* da economia. O mundo se pulveriza em signos, o planeta é uma rede pensante, enquanto o sujeito fica um nó de células nervosas a processar mensagens fragmentárias. Eis por que falamos há pouco em desreferencialização do real e dessubstancialização do sujeito. O que foi processado em *bit* (real) é difundido em *blip* — pontos, retalhos, fragmentos de informações (para o sujeito). O indivíduo na condição pós-moderna é um sujeito *blip*, alguém submetido a um bombardeio maciço e aleatório de informações parcelares, que nunca formam um todo, e com importantes efeitos culturais, sociais e políticos. Pois a vida no ambiente pós-moderno é um show constante de estímulos desconexos onde as vedetes são o design, a moda, a publicidade, os meios de comunicação.

Projetando formas atraentes, embalagens apelativas, o design *estetiza* (embeleza) o cotidiano saturado por objetos.

Eles viram informação estética com suas cores, suas superfícies lisas, suas linhas aerodinâmicas, e são verdadeiras iscas de sedução. Vai-se ao hipermercado, onde a mercadoria é o espetáculo, para passear, e comprar — gesto banal — torna-se um jogo de gratificação. A moda e a publicidade, por sua vez, têm por missão *erotizar* o dia a dia com fantasias e desejos de posse. Uma carga erótica deve envolver por igual pessoas e objetos para impactar o social, sugerindo ao indivíduo isolado um ideal de consumo personalizado, ao massagear seu narcisismo. A comunicação, desde as FM até os videoclips, agita-se para mantê-lo o tempo todo ligado, na base do "não se reprima".

O circuito informação-estetização-erotização-personalização do cotidiano não é inocente. Com modelos e imagens nos mass-media, ele é o sangue dos sistemas pós-industriais. Cria a própria ambiência pós-moderna.

Capitalistas e multinacionais, os sistemas pós-industriais (EUA, Japão, centros europeus) reúnem empresas e Estado — burocratizados, informatizados — para racionalizar a produção e a organização social pela tecnociência programadora. Buscam a constante elevação do nível de vida pelo consumo acelerado de bens e serviços, que são cada vez mais diversificados. Ricos, oferecem uma variada gama de mercadorias, de modo a fragmentar o social em faixas de mercado, e nelas visar o indivíduo, arrebanhá-lo para o consumo personalizado (videocassete, TV por cabo, walkman, microcomputador, privatizam, isto é, personalizam o consumo da informação, por exemplo).

Tal como atende a vários gostos no nível material, o sistema comporta uma grande variedade de ideias e comportamentos. A sociedade se despolitiza ao se descontrair em mil jogos aquisitivos, em esportes, espetáculos, facilidades. A participação social, assim, se orienta para pequenos objetivos, pragmáticos e/ou personalizados, embutidos na micrologia (nos pequenos espaços) do cotidiano: hobbies, esportes, ecologia, feminismo, direitos do consumidor, macrobiótica. Um sujeito pós-moderno pode ser ao mesmo tempo programador, andrógino, zen-budista, vegetariano, integracionista, antinuclearista. São participações brandas, frouxas, sem estilo militante, com metas em curto prazo, e onde há expressão pessoal. Renuncia-se aos temas grandiosos como Revolução, Democracia Plena, Ordem Social — coisas da modernidade industrial. Na pós-modernidade, só há revolução no cotidiano.

O sistema pós-industrial tem-se mostrado resistente aos mecanismos de luta modernos — sindicato, partido. Ao mesmo tempo gigantesco e diferençado, ele não forma um todo e não possui centro. Tendo pulverizado a massa numa nebulosa de consumidores isolados, com interesses diferentes, ele absorve qualquer costume, qualquer ideia, revolucionários ou alternativos. Pois é flexível e variado o suficiente para nele conviverem os comportamentos e as ideias mais disparatadas. Para vingar, mesmo as ideias antissistema deveriam entrar pelos meios de massa, serem consumidas em grande escala de modo personalizado, mas isto significaria tornarem-se mais uma mercadoria do sistema. O próprio Estado, que poderia ser um centro mortal, é antes um investidor na economia e na pesquisa, um administrador de serviços, um encarregado da defesa externa, em vez de ser, fundamentalmente, um aparelho de repressão política.

Desse modo, o circuito informação-estetização-erotização-personalização realiza o controle social, agora na forma *soft* (branda, discursiva), em oposição à forma moderna *hard* (dura, policial). O consumo e atuação no cotidiano são os únicos horizontes oferecidos pelo sistema. Nesse contexto, surge o neoindividualismo pós-moderno, no qual o sujeito vive sem projetos, sem ideais, a não ser cultuar sua autoimagem e buscar a satisfação aqui e agora. Narcisista e vazio, desenvolto e apático, ele está no centro da crise de valores pós-moderna.

Cá na Belíndia

O Brasil, já se disse, é um misto de Bélgica com Índia, a Belíndia. *Monza* com miséria. Somos um país em via de industrialização, mas mercadorias vedetes pós-industriais já pintam no eixo Rio-São Paulo: micros, os vídeos todos, etc. Existem aqui 200 mil computadores e 1.000 empresas na área de informática, setor que cresceu 40% em 1984. Em 1982, havia 200 mil videocassetes, servidos por uma maré crescente de videoclubes. E o projeto *Cirandão* de telemática, com 477 bases de dados, está em andamento.

Mas se esse aparato é ainda pobre, os signos de pós-modernismo estão nas ruas, nos mass media. Óculos coloridos, cabelinhos new-wave, cintos metaleiros, rock punk, por aí vai. Mas recentemente fulgurou na Belíndia uma verdadeira diva pós-moderna: o travesti Roberta Close. Por que pós-moderna? Primeiro porque ela, para nós, é informação: só passou a existir depois de produzida pelos mass media. Depois, porque ela é um ardil bem-sucedido de simulação: a bioestética, com o silicone, fez dela uma hipermulher (repare como Close, um simulacro, é *mais* mulher que as mulheres), e o referente Luís Roberto dançou. E, finalmente, porque ela ampliou a liberação sexual na Belíndia machocêntrica, ao favorecer, pela banalização, pela frivolidade, a aceitação das minorias eróticas.

DO SACROSSANTO
NÃO AO ZERO PATAFÍSICO

Merda aos museus, abaixo o luar

Até aqui já deu para sacar o paralelismo entre sociedade industrial/modernismo e pós-industrial/pós-modernismo. Vejamos que diferenças existem entre eles quanto à arte. A arte moderna, iniciada com os movimentos e manifestos futuristas no começo deste século, é um *não* ao passado, uma revolta ante o convencionalismo na arte. Contra regras antigas e castradoras, o novo em liberdade de experimentação. Era preciso destruir a estética tradicional (estética é o conjunto de normas e valores segundo os quais, numa dada época, o artista deve criar e o crítico julgar). Essa estética tradicional impunha a *Representação realista* da realidade. Para ela, que dura do Renascimento até fins do século XIX, a arte devia ser uma ilusão perfeita do real.

As vanguardas modernistas — futurismo, cubismo, expressionismo — significarão a quebra do universo racional fornecido pela ciência e refletido pela estética por muito tempo. Nesse universo, a Representação realista (imitativa, ilusionista) supunha que a literatura ou a pintura espelhavam ponto por ponto o real. Mas a sociedade industrial, com o automóvel, o avião, a eletricidade, os conflitos sociais, a descoberta do inconsciente, iria colocá-la em xeque.

O modernismo é a Crise da Representação realista do mundo e do sujeito na arte. A estética tradicional fracassa ao captar um mundo cada vez mais confuso e um indivíduo cada vez mais fragmentado. Novas linguagens deveriam surgir para que um sujeito caótico pudesse não representar, mas *interpretar* livremente a realidade, segundo sua visão particular. Para isso, a nova estética modernista cavou um fosso entre arte e realidade. A arte fica autônoma, liberta-se da representação das coisas (a fotografia já o fazia muito melhor), decretando o fim da figuração, usando a deformação, a fragmentação, a abstração, o grotesco, a assimetria, a incongruência.

Linguagem nova quer dizer forma nova, não imitativa. Nascem aí o *formalismo* e o *hermetismo* da arte moderna, que é um jogo com formas inventadas. Pois ela não fala de um mundo exterior ao quadro, à escultura. Deformando ou banindo o referente (o real), ela cria formas novas e torna-se por isso autorreferencializada. Ela é seu próprio assunto: linhas, cores, volumes, composição. Basta comparar Da Vinci com Picasso. Reconheceríamos na rua a Mona Lisa, mas jamais encontraríamos fora da tela as cubistas *Senhoritas d'Avignon*, feitas em losangos, que abrem a pintura moderna em 1907.

Vanguarda quer dizer: militar à frente. De fato, os modernos não só estavam à frente como estavam contra o público burguês, conformista. Eram boêmios, bizarros, críticos. Queriam o escândalo. Criaram uma grande tensão entre a arte e o público. Levaram ao absoluto suas emoções, suas visões subjetivas e declararam-se anjos condutores da humanidade, a arte sendo um conhecimento superior da existência. Anunciaram a morte de Deus e o desespero do homem num mundo absurdo, já que a carnificina da Primeira Guerra Mundial provocara uma derrocada espiritual.

É nesse clima que, na pintura, os expressionistas explodem seus sentimentos em borrões, os surrealistas dão vida ao sonho com humor ou terror. Na poesia, Eliot,

Pound, Mário de Andrade quebram a sintaxe, usam imagens irracionais, soltam as palavras em liberdade. No romance, Joyce, Kafka e Proust descem às camadas mais profundas da mente para desvendar segredos e dissolver o tempo, o personagem e o enredo realistas. Na música, em 1910, Schoenberg e Stravinsky injetam harmonias dissonantes, à primeira audição desagradáveis. É uma arte irracional, emotiva, humanista. Um caso à parte: na arquitetura, a Bauhaus, escola alemã fundada por Gropius em 1919, fará triunfar a *racionalidade funcional* contra o ornamento clássico, e assim projetar com ferro, concreto, vidro e ângulo reto as megalópoles atuais.

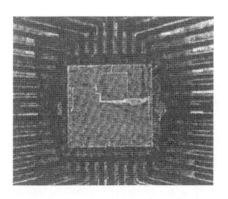

Chip (aumentado dez vezes) por onde circula a alma pós-moderna.
(National Geographic, vol. 162, nº 4, p. 427)

Oblíquas, curvas, imaginação, irracionalidade, humor, gosto popular. (The language of post-modern Archietecture, Charles A. Jencks.)

O alegre desbundar

Em meados dos anos 1950, a revolta modernista tinha esgotado seu impulso criador. A sociedade industrial incorporara no design, na moda, nas artes gráficas não só a estética como o culto do novo pregado pelas vanguardas. Revistas e luminárias usavam a assimetria, desenhos abstratos decoravam papéis de parede. A interpretação individual, o hermetismo, os escândalos soavam ocos ante a sociedade de massa.

Foi contra o subjetivismo e o hermetismo modernos que surgiu a arte Pop, primeira bomba pós-moderna. Convertida em *antiarte*, a arte abandona os museus, as galerias, os teatros. É lançada nas ruas com outra linguagem, assimilável pelo público: os signos e objetos de massa. Dando valor artístico à banalidade cotidiana — anúncios, heróis de gibi, rótulos, sabonetes, fotos, stars de cinema, hamburguers —, a pintura/escultura Pop buscou a fusão da arte com a vida, aterrando o fosso aberto pelos modernistas. A antiarte pós-moderna não quer representar (realismo), nem interpretar (modernismo), mas *apresentar* a vida diretamente em seus objetos. Pedaço do real dentro do real (veja as garrafas reais penduradas num quadro), não um discurso à parte, a antiarte é a *desestetização* e a *desdefinição* da arte. Ela põe fim à "beleza", à "forma", ao valor "supremo e eterno" da arte (desestetização) e ataca a própria definição de arte ao abandonar o óleo, o bronze, o pedestal, a moldura, apelando para materiais não artísticos, do cotidiano, como plástico, latão, areia, cinza, papelão, fluorescente, banha, mel, cães e lebres, vivos ou mortos (desdefinição).

Isto só foi possível por duas razões. Primeiro porque o cotidiano se acha estetizado pelo design e, como vimos, os objetos em série são signos digitalizados e estilizados para a escolha do consumidor. Depois, porque nosso ambiente é todo ele constituído pelos mass media. Vivemos imersos num rio de signos estetizados. O artista Pop pode diluir a arte na vida porque a vida já está saturada de signos estéticos massificados. A antiarte trabalha sobre a arte dos ilustradores de revistas, publicitários e designers, e acaba sendo uma ponte entre a arte culta e a arte de massa; pela *singularização do banal* (quando Andy Warhol empilha caixas de sabão dentro de uma galeria e diz que é escultura) ou pela *banalização do singular* (quando Roy Litchtenstein repinta em amarelo e vermelho, cores de massa, a *Mulher com o Chapéu Florido*, de Picasso). Elite e massa se fundem na antiarte.

Ao trocar a arte abstrata, difícil, modernista, pela figuração acessível nos objetos e imagens de massa, a antiarte pós-moderna estava revivendo o dadaísmo, tendência modernista que durou pouco (1916/1921) e se dedicava a brincar com objetos no caos cotidiano. No dadaísmo, como na antiarte, o importante é o gesto, o processo inventivo, não a obra. Acabou-se também a contemplação fria e intelectual dos modernos. A antiarte é participativa, o público reagindo pelo envolvimento sensorial, corporal. (Brinca-se à vontade com as bolhas de plástico criadas aqui no Brasil por Lígia Clark).

Pop, minimal, conceitual, hiper-realismo, processos, happenings, performances, transvanguarda, videoarte — seja qual for o estilo, a antiarte pós-moderna se apoia nos objetos (não no homem), na matéria (não no espírito), no momento (não no eterno), no riso (não no sério). Ela é frívola, pouco crítica, não aponta nenhum valor ou futuro para o homem. Desestetizando-se, desdefinindo-se, tornando difícil saber-se o que é arte o que é realidade, ela tende ao niilismo, a zerar a própria arte. Pois na condição pós-moderna, se o NÃO modernista é inútil, dado o gigantismo dos sistemas, então vamos desbundar alegre e niilisticamente no ZERO PATAFÍSICO. (Oposta às soluções séries, a patafísica — segundo seu criador, o dadaísta Jarry — é a ciência das soluções imaginárias e ridículas).

Escrituras exóticas, escribas excêntricos

Em literatura, particularmente na ficção, o pós-modernismo prolonga a liberdade de experimentação e invenção modernista, mas com diferenças importantes. Enquanto o modernismo lutava pelo máximo de forma e originalidade, os pós-modernistas querem a destruição da forma romance, como no *noveau roman* francês, ou então querem o pastiche, a paródia, o uso de formas gastas (romance histórico) e de massa (romance policial, ficção científica), como na *metaficção* americana. Num e noutro caso, entre- tanto, está fora de cogitações a representação realista da realidade, o ilusionismo. Na literatura pós-moderna não é para se acreditar no que está sendo dito, não é um retrato da realidade, mas um jogo com a própria literatura, suas formas a serem destruídas, sua história a ser retomada de maneira irônica e alegre.

Há, portanto, uma desdefinição do romance. Existem meios para isso. O *nouveau roman* que começa nos anos 1950, destrói a forma romance banindo o enredo, o assunto e o personagem. Nathalie Sarraute escreve romances sobre nada — apenas um buraco na porta, por exemplo. Certo conto de *Nove Novena*, do brasileiro Osman Uns, reduz os personagens a sinais gráficos. A fragmentação da narrativa é total, podendo-se misturar os narradores: em geral não sabemos quem está falando. Raramente o personagem tem psicologia ou posição social. Pode mudar de nome, cor ou idade, sem razões aparentes para isso. Os finais costumam ser múltiplos (John Fowles, em *A Mulher do Tenente Francês*, propõe dois finais diferentes). E são comuns as construções em abismo: uma história dentro de outra que está dentro de outra... sem fim.

Por sua vez, a metaficção americana, que produz ficção a partir de ficção, entrega-se a paródias e a pastiches (imitações irônicas) de formas antigas, tais como o conto de fadas no romance *Branca de Neve*, de Donald Barthelme, em que a personagem infantil é convertida em ninfomaníaca; ou de formas populares, como a ficção científica em *Giles, o Menino Bode*, de John Barth, como a pornografia em *O Almoço Nu*, de William Burroughs. Surgem ainda gêneros indefinidos que misturam reportagem e ficção, com a atuação de pessoas reais, a exemplo de *Dispatches*, romance de Michael Herr sobre o Vietnã, enquanto outros embolam autobiografia com fantasia, igual na literatura brasileira atual. Temas como drogas, perversão, loucura, sexo, violência, pesadelo tecnológico, inclinam as narrativas para o grotesco, o escabroso, isto é, aproximam o homem da sua natureza animal, mas em clima cômico. Quase sempre os textos vêm recheados com citações, colagens (fotos, gráficos, anúncios) e referências à própria literatura. Isto é, a literatura pós-moderna é intertextual; para lê-la, é preciso conhecer outros textos.

Tô in, to out

Uma comparação final com o modernismo facilitará a caminhada pelo carnaval pós-moderno. Na ficção, como nas demais artes, a antiarte prolonga traços modernistas, mas às vezes acentuando-os até a extravagância. Antiilusionismo, experimentalismo permanecem. São de lei. A fragmentação do texto pode descambar para o acaso total, a leitura ficando sem rumo e sem fio condutor. A paródia e o pastiche, antes ocasionais, hoje em dia são quase regra. No entanto, embora sejam mais nítidas nas artes plásticas do que no romance ou no cinema, por exemplo, as diferenças é que servem de melhor guia.

Modernismo	**Pós-modernismo**
Cultura elevada	Cotidiano banalizado
Arte	Antiarte
Estetização	Desestetização
Interpretação	Apresentação
Obra/originalidade	Processo/pastiche
Forma/abstração	Conteúdo/figuração
Hermetismo	Fácil compreensão
Conhecimento superior	Jogo com a arte
Oposição ao público	Participação do público
Crítica cultural	Comentário cômico, social
Afirmação da arte	Desvalorização obra/autor

ANARTISTAS EM NULIVERSO

Desordem e Pangresso

Enquanto a arte moderna nasceu com estéticas bem claras e manifestos escandalosos, a antiarte pós-moderna não apresenta propostas definidas, nem coerência, nem linha evolutiva. Os estilos convivem sem choques, as tendências se sucedem com rapidez. Não há grupos ou movimentos unificados, o pluralismo e o ecletismo (mistura de estilos) são a norma. Também não existe mais vanguarda, porque o público já está vacinado contra o escândalo. Fala-se agora em *transvanguarda*: quer dizer, além da vanguarda — vale tanto um estilo retrô, para trás, quanto à videoarte, para frente. Os anartistas pós-modernos só se sentem bem na desordem, na ausência de princípios, na criação sem fronteiras, pangredindo — caminhando — para todos os lados. Passemos em revista as principais manifestações artísticas que, na arquitetura, artes plásticas, literatura, cinema, música, teatro, dança, vieram desestetizando e desdefinindo a arte dos anos 1950 para cá.

Pau na Bauhaus

Nas artes, o pós-modernismo apareceu primeiro na arquitetura, já nos anos 1950. O inimigo mais visado foi o funcionalismo racional da Bauhaus e seu dogma modernista: *a forma segue a função*. Primeiro a finalidade, depois a beleza. E funcionalismo significava racionalidade com simplicidade, clareza, abstração, janelas em série, ângulo reto. Em suma, os espigões das selvas de pedra em que vivemos.

A reação pós-moderna começa com arquitetos italianos, depois com americanos e ingleses. Contra o estilo universal modernista, eles se voltam para o passado, pesquisam novos e velhos materiais, estudam o ambiente, a fim de criar uma arquitetura que fale a linguagem cultural das pessoas que vão utilizá-la. A função passou a obedecer à forma e à fantasia. Aos materiais oferecidos pela indústria moderna, eles acrescentam materiais abandonados (cascalho) ou bem recentes (fórmica e plexiglass). O ornamento é recuperado: até colunas gregas reaparecem. Os valores simbólicos (o pórtico senhorial) são prestigiados, junto com o retorno a estilos antigos como o barroco. Mas é ao organizar o espaço que o espírito carnavalesco do pós-modernismo se declara. Às retas, racionais, opõem-se a emoção e o humor das curvas. Contra a pureza, o ecletismo: junta-se ornamento barroco com vidro fumê. No lugar da abstração, a fantasia (edifícios em forma de piano), e busca-se a vida com a volta da cor. Evita-se a série repetitiva, monótona. O humor é flagrante: no Hotel Bonaventura, em Los Angeles, além dos elevadores externos que caem com espalhafato num lago, o espaço interno é divertidamente complicado, sendo difícil achar-se o caminho para as lojas. Mas a marca típica da arquitetura pós-moderna é a combinatória linhas e formas curvas com linhas e formas oblíquas. Dá em desequilíbrio, decoração, movimento, bizarrice, fantasia, alegria (o oposto do modernismo).

Se deu a largada na arquitetura, só recentemente, no entanto, o pós-modernismo chegou ao designo E também para desancar a Bauhaus. No mobiliário, na decoração, onde o pioneirismo está com o Studio Menphis, de Milão, aparecem móveis com desenhos fantasiosos e revestimentos em cores berrantes. Portas a quatro cores se abrem para camas em forma de ringue, esculturas de neon piscam sobre poltronas cônicas pintadas como onça. O ecletismo rompe a fronteira entre o bom e o mau gosto. Exemplo brasileiro, divertido, é o bufê modelo Lampião: em forma de trapézio, com madeira folheada com plástico, pés de ferro vermelho, puxadores de latão, tendo no topo um espelho em semicírculo, com estrelas, para lembrar um chapéu nordestino. Várias ideias pós-modernas estão aí: ecletismo de materiais, cultura popular (chapéu), combinação curva/oblíqua (semicírculo/ trapézio), humor colorido contra o tédio imposto pelo bom tome o rigor modernistas.

Pintando/esculpindo o sete no pedaço

Decretando uma comunicação direta, jovem, alegre na pintura e na escultura, a Arte Pop (termo proposto pelos críticos americanos Fiedler e Banhan em 1956) foi a primeira expressão pós-moderna nas artes plásticas. Objetos e imagens tiradas do consumo popular entram em cena. Sua origem, a rigor, é inglesa, pois foi em Londres que Richard Hamilton, ainda em 1955, produziu a sua estonteante colagem *O que Faz os Lares Atuais tão Sedutores*, painel de 3m x 3m saturado com TVs, poltronas, posters, mulher nua, halterofilista, secador de cabelo.

Em 1963, amplamente difundida pelo mundo, a arte Pop tem seu núcleo mais ativo em Nova York, cujas galerias, depois de rejeitá-los, passam a acolher os chamados "cinco grandes", os quais transferem para a arte culta sua experiência com os mass media: Andy Warhol e Roy Litchtenstein foram publicitários; James Rosenquist trabalhou com cartazes; Claes Oldemburg foi ilustrador de revistas e Tom Wesselmann dedicou-se ao desenho animado. Exploremos Warhol, Litchtenstein e Rosenquist.

Warhol ficou famoso por circular no jet-set decretando em entrevistas a morte da arte. Mas sua fama veio mesmo por ter pintado em cores selvagens (amarelo, verde, rosa) latas de sopa Campbell e garrafas de Coca-Cola repetidas em série. Suas 50 Marilyns aproveitam foto publicitária da estrela no filme *Niágara*, serializando-a em amarelo, laranja e azul, cores do glamour de massa, mas o olho treinado no supermercado percebe pequenas variações de uma foto para outra. Warhol faz arte sobre a arte de massa (a foto publicitária) e o real, o referente Marilyn Monroe esfumou-se por trás do simulacro espetacular da sua imagem massificada.

A escala e o impacto do outdoor fizeram a glória do fantástico *F-111*, de James Rosenquist, mural com 30m x 3m onde um avião caça F-111 é fragmentado por preocupações correntes na vida americana: pneus de automóveis, cogumelo atômico, uma garotinha no secador de cabelo e um mar de espaguete enlatado. A ideia é simples:

quem garante a sociedade de consumo é o poder (a aviação) militar. Rosenquist combina aqui o exagero (30 metros) com o fragmento, a vida feita em pedaços pelo consumo.

Décadas atrás, ninguém imaginaria que o gibi acabaria em museu. Mas o humor Pop de Litchhtenstein, recortando quadrinhos, ampliando-os com projetor e pintando-os com cores muito fortes, levou-os para lá. Esse mesmo método foi aplicado a um anúncio publicitário de lua de mel. A mulher de maiô, segurando uma bola na praia, está desenhada como num gibi e comunica uma felicidade oca, banalizada, massificada. Sua alegria vazia representa a des-substancialização do sujeito ou mesmo a morte do sujeito de que falam os filósofos atuais.

No Brasil, a arte Pop vai encontrar em Duke Lee, Rubens Gerchman, Antonio Dias, Cláudio Tozzi, Carlos Vergara artistas atentos à transformação da paisagem urbana e social do país após o golpe militar de 1964.

O real vira hiper-real

O *hiper-realismo* ou *fotorrealismo* é uma forma de Arte Pop e pós-moderna, pois copia minuciosamente em tinta acrílica fotografias (simulacros) de automóveis, paisagens urbanas, fachadas, anúncios, que depois são apresentados em tamanho natural ou monumental (hiper, enorme). A tinta acrílica, lustrosa, deixa o real mais intenso, bonito; ou então o poliéster, na escultura, deixa a figura mais viva, vibrante, como se vista numa TV a cores. Novamente o pós-modernismo se apoia no simulacro.

Cláudio Bravo, Duane Hanson, Richard Smith estão entre os hiper-realistas aclamados internacionalmente, enquanto Gregório Correia, com quadros que surpreendem o Anhangabaú, em São Paulo, num abandono triste, morto, é o foto-realista brasileiro de maior notoriedade. Na escultura, as peças hiper vêm cobertas com materiais reais: roupas, óculos, celofane, etc.

Menos é mais

Entre 1966 e 1969, a antiarte pós-moderna enveredou pela chamada *Minimal Art*, um gesto a mais na desestetização e na desdefinição da arte tradicional. A teoria minimal dizia o seguinte: vamos tirar os traços estéticos (forma, cor, composição, emoção) do objeto artístico e reduzi-lo a *estruturas primárias*, a apenas aquele *mínimo* que, de longe, lembra arte. Uma prancha de fiber-glass ou um bloco de espuma plástica encostados na parede são esculturas minimais. Pois apresentam materiais industriais na sua pureza, textura, peso, em suma, nas suas qualidades mínimas de matéria.

Carl André, Sol Le Witt, Donald Judd planejaram (e fábricas executaram) esculturas com módulos (padrões) que se repetem e se combinam segundo regras matemáticas, mudando de uma exposição para outra. Na mesma medida em que a Pop homenageia o consumo e os mass media, a minimal tece o elogio da tecnologia, dos seus materiais sintéticos. Sem mensagem, sem protesto.

Pensar, espectador, pensar

A Pop e a minimal desdefinem, desestetizam a arte, mas mantêm seu objeto (o quadro, a escultura). A *arte conceitual* dá um passo a mais em direção ao vazio pós-moderno: *desmaterializa* a arte ao dar sumiço em seu objeto. Grandes ou pequenas, boas ou más, pinturas e esculturas são supérfluas. Só interessa a ideia, a criação mental do artista registrada num esboço, esquema ou frase. Frases: se a arte é linguagem (forma para representar alguma coisa), ela pode ser reduzida a frases simples e diretas que valham por um objeto. Os conceptualistas foram muito influenciados pela filosofia da linguagem reinante na Inglaterra, e em 1968 Sol Le Witt escreveu: "Um trabalho artístico deve ser compreendido como um fio condutor da mente do artista para a mente do espectador". Em vez de contemplar o objeto pronto, o público deve ativar a imaginação para visualizar o que está sendo proposto pelo artista numa frase, num diagrama.

Ambientes: assim na terra como no céu

A antiarte pós-moderna se desestetiza porque a vida se acha estetizada pelo design, a decoração. Os ambientes atuais já são arte e assim pintura e escultura podem se fundir com a arquitetura, a paisagem urbana, tornando-se fragmentos do real dentro do real. Desde os anos 1960 até hoje, artistas como Allan Kaprow, Lucas Samarras, El Lissitsky, e os brasileiros Hélio Oiticica, Cildo Meireles têm produzido obras que incorporam todo o espaço ambiental. Objetos acumulados ou distribuídos ao acaso envolvem o espectador para que ele esteja não diante, mas dentro da obra, com os sentidos todos afetados. Misturam-se pintura, escultura, música, arquitetura. É o *mixed-media*, a fusão de meios.

É o ambiente *Tropicália*, sala com pássaros, plantas e música tropicais, montado por Hélio Oiticica no Rio em 1967. São os *Penetráveis*, de Jesus Soto — tubos plásticos pendentes do teto que, à nossa passagem, criam ondas visuais — e os *Labirintos*, armados pelo GRAV — Grupo de Pesquisa de Arte Visual, sediado em Paris. É *She — The Cathedral* (Ela, a Catedral), uma enorme mulher deitada em posição de coito, medindo 30m x 10 m x 7m, pintada psicodelicamente, construída com tubos e linho em 1966 por Niki de Saint-Phalle, por cuja vagina, quando exposta em Estocolmo, passaram 80 mil pessoas.

A *arte ambiental* foi também para os espaços abertos. Houve a cortina de nylon laranja, com 4 toneladas e 400 metros, estendida em 1972 pelo búlgaro Jaraeff Christo sobre o vale Hogback, no Colorado, e lá ficando como um pássaro flexível a levantar voo na paisagem. E Hans Haacke mano daria a escultura pelos ares, literalmente, em 1967, com a sua *Sky Line* (Linha Celeste) — 100 balões cheios de hélio alinhavados por um fio formando um colar de pérolas dançante nos céus do Central Park, em Nova York.

Anartistas no agito — happenings, processos, performances

Desestetizada, desdefinida, desmaterializada, a obra sumiu, mas sobrou o artista. O *happening* (acontecimento) é a intervenção — preparada ou de surpresa — do artista no cotidiano, não através da obra, mas fazendo da intervenção uma obra. É o máximo de fusão arte/vida como querem os pós-modernos, pois utiliza a rua, a galeria, pessoas e objetos que estão na própria realidade para desencadear um acontecimento criativo. E uma provocação com o público, mas amplia sua percepção do mundo onde vive. Essa prática se difundiu pelo mundo desde os anos 1960, inclusive no bloco socialista. Irromper vestido com o Batman numa galeria e ali soltar pássaros e borboletas, tocando uma sirene, é um happening. Haverá riso, pânico e choque emocional no público.

Trabalho de Duane Hanson, Florida Shopper. Hiper-realismo, poliéster, o consumo, o colorido, a vida sem saídas. (Movements in art since 1945, Edward Lucie-Smith, p252.)

A *performance* (desempenho) é uma variedade do happening. Ela atrai a atenção para o artista e os materiais que ele utiliza para chocar o público sob algum aspecto. O alemão Joseph Beuys, escultor ligado em materiais pobres como a banha, é um teórico da arte sem limites. Sua tempestuosa performance *Como Explicar Quadros a uma Lebre Morta* realizou-se em 1965 em Düsseldorf. Beuys, o rosto coberto com banha e pó dourado, ficou horas e horas falando com uma lebre morta no colo. O grupo vienense formado por Hermann Nitsch também manipulou animais mortos, cujas vísceras eram arrancadas e mostradas ao público. Schwarz-kogler, membro do grupo, matou-se em 1969 em nome da arte, mediante sucessivos atos de automutilação.

Igual ao happening e à performance, a *arte processual* quer ampliar ao infinito os domínios da arte pela desdefinição. Objetos, animais, jornais, postais, alimentos, máquinas, fotos — tudo pode dar arte. Qualquer *processo* que intervenha sobre a realidade para modificá-la, desequilibrá-la de modo inventivo e gratuito é arte. Desenhar com giz uma piroquinha pequenininha sobre a enorme cueca Zorba num outdoor é arte processual. Escrever um poema numa vaca que pasta, como fez Herman Damen na Holanda, também é. Idem, idem, para o pão-poema-processo, com dez metros de comprimento, comido em praça pública no Recife, em 1970, por cinco mil pessoas.

Novos bichos — a Geração 1980

Entre os anos 1950 e 1970, houve outras manifestações artísticas — *op-art, arte cinética, arte pobre, arte da terra* —, mas os movimentos que resumimos vieram com o essencial do pós-modernismo: comunicação direta, fusão com a estética de massa, materiais não artísticos, objetividade, antiintelectualismo, anti-humanismo, superficialidade, efemeridade — fim da arte culta, emotiva, superior, eterna. Foi, digamos, o primeiro tempo pós-moderno.

Com a geração 1980, cansada de tanta experimentação, fechada num beco sem saídas, porque a arte se desdefiniu e não tem mais para onde ir, inicia-se o segundo tempo. É como se o pós-modernismo enfrentasse cara a cara a sua verdade: a invenção parece esgotada. A solução, assim, é voltar ao passado pela paródia, o pastiche, o neoexpressionismo. Ou então atolar-se no presente, com imagens de TV, graffiti de rua e a tecnociência expressa na videoarte, no neon-realismo.

É a *Bad Painting (Má Pintura)* representada pelo americano Philip Guston, que pinta grosseiramente, sem refinamento, como se fosse um cartunista. Guston é um pioneiro da *Transvanguarda*, liderada nos EUA por Julian Schnabel e seus quadros neoexpressionistas (figuras destorcidas, monstruosas, feitas com tinta e cacos de louça), seguida na

Europa por jovens franceses e italianos. Estes se dedicam à paródia e ao pastiche de mestres modernistas como Picasso, De Chirico, Miró. *Transvanguarda* significa não só o fim das vanguardas, mas também a defesa do ecletismo total (misturam-se anjos barrocos e cenários Pop), e a ausência de compromisso social ou intelectual na arte.

Num ramo mais alegre, porém ainda eclético, encontramos o americano Kenny Scharf pondo o Gato Félix sobre um pedestal grego e os brasileiros Jorge Barrão, que pinta gibis em tubos de tv, e Carlos Matuck e Alex Vaulari, com grafites em homenagem a personagens de histórias em quadrinhos. Vindo das ruas para as galerias, o *grafitismo* exige no mínimo que o artista saiba desenhar ao criar seus moldes e usar o spray.

Outra postura pós-moderna é a escultura com neon, o *neon-realismo*. Não só casas, mas também túneis, passarelas, colunas, estão sendo decoradas, nos EUA, com pássaros, vaqueiros, nuvens em esculturas lineares, elétricas, coloridas, desenhadas no estilo comercial que ilumina a noite em Las Vegas. Mas é o *chip* que vem provocando a novidade maior. A *videoarte* casa computador com videogame. Programando-se um micro, ele preenche a tela com figuras que podem deslocar-se, mudar de forma ou de cor, ficar tridimensionais, em suma, pintar o diabo a quatro em forma de *blips*.

O bode entrópico

Estados Unidos e França desde os anos 1960 e, mais recentemente, Itália são os centros irradiadores da literatura pós-moderna, representada, sobretudo pela ficção. Nosso urbanoide, lá atrás, lia *O Nome da Rosa*, do italiano Umberto Eco. É um romance histórico, escrito como narrativa policial, situado na Itália medieval, contando os crimes, a violência sexual e a destruição de um mosteiro em 1327. É um livro sobre outro livro — a parte perdida da *Poética* (inacabada), do filósofo Aristóteles.

Muita coisa é pós-moderna aí. Uma delas bem antimoderna aí volta ao passado. Outra: o recurso a uma forma antiga e gasta — o romance histórico. E o uso da narrativa policial — um gênero de massa. A intertextualidade, tanto pela referência a essas formas literárias quanto pelo fato de ser um livro sobre outro livro (a *Poética*). O ecletismo, ao misturar o sério (histórico e documental) com o divertimento (o policial, a fantasia). E trata-se de uma paródia, um pastiche do romance histórico, pois não faz sentido escrever-se hoje, a sério, um romance sobre a Idade Média. Só por jogo e divertimento.

Mas há outro elemento pós-moderno importantíssimo em *O Nome da Rosa*. É a progressiva desordem reinante no mosteiro (lugar fechado, metáfora dos sistemas isolados, que só podem receber energia de fora), até culminar na sua destruição. Isto espelha a situação atual: decadência de valores, ausência de sentido para a vida e a História, ameaça de destruição atômica. Mas reflete também uma ideia que está no coração da pós-modernidade: a *entropia*. Entropia significa a perda crescente de energia pelo Universo (um sistema isolado, pois além dele só há o nada e ele não tem, assim, como receber energia de fora), até sua desagregação no caos, na máxima desordem. Essa ideia migrou da física e foi pousar na sociologia. Nas sociedades atuais, tudo parece rolar para a confusão, sem valores sólidos, sem ordem que segure a barra.

Pois bem, a literatura pós-moderna trata desse bode entrópico, seja na forma (a destruição do romance), seja no conteúdo (a destruição do mundo e dos valores), mas sem desespero: com riso ou frieza. Tanto a metaficção americana, quanto o *nouveau roman* francês vêm promovendo esse quebra-quebra. São os anartistas do nuliverso (anarquistas + artistas do nulo + universo).

Absurdetes americanas ou "Foda-se o Dia das Mães"

Filhos da bomba atômica com o pesadelo tecnológico pós-industrial, os escritores americanos são os que mais têm vivido o drama do absurdo social. Veremos como Kurt Vonnegut, John Barth, Thomas Pynchon, entre outros, responderam comicamente, às vezes cinicamente, a esse drama, desde os anos 1960.

Em 1963, Kurt Vonnegut publicou nos EUA *Cat's Cradle* (Cama de Gato), um romance curto, em capítulos curtinhos, com personagens superengraçados. Só que a situação é apocalíptica. Políticos, cientistas, religiosos, empresários, estão correndo atrás do *Gelo-9*, substância cujas gotas podem congelar mares inteiros. E congelam, decretando o fim do mundo. Um pouco antes, Vonnegut faz um americano típico, convertido ao *bokononismo*, uma religião patafísica e niilista, exclamar: "Foda-se o Dia das Mães". É a família em apuros. Com humor cínico, Vonnegut reduz a pó a tecnociência e a religião enquanto guias para o homem num mundo irracional. O romance é pós-moderno, entre outras coisas, porque funde arte culta com ficção científica (forma de massa) e sua mensagem é patafísica: só rindo do caos em que vivemos.

Niilista-gozador genial, John Barth escreve romances enormes e admira muito Machado de Assis. Seu livro mais interessante — *Giles Goat-Boy (Giles, o Menino Bode)* narra em 810 páginas as aventuras de Giles para chegar a ser o Grande Chefe dos estudantes no Campus Universitário Oeste, regido pelo poderoso e maléfico computador WESCAC, há anos em guerra aberta com LESCAC, o computador do Leste. Giles é filho de WESCAC com uma mulher, mas, por erro na programação, saiu parecido com um bode. Ele passará a vida tentando provar que é homem e herói predestinado. Para isso, Gimes enganará ministros, tecnocratas, cientistas e o próprio WESCAC, seu pai, em cuja presença pratica um belo 69 com sua mãe, Anastácia, num incesto à moda de Édipo (o grego que mata o pai e come a mãe). No final, sem convencer que nasceu para herói, um pilantra rouba-lhe a Grande Chefia.

Giles, o Menino Bode é uma sátira divertidíssima do conhecimento e da História, desde a teologia à matemática, dos mitos gregos à guerra fria. O livro é muito complexo e pode ser lido, ao mesmo tempo, como paródia da Bíblia, do mito de Édipo, como romance picaresco e de ficção científica. No fundo, é patafísico: os homens perderam a cabeça, caíram no ridículo deixando O computador programar seus fins, e nada há a fazer, a não ser rir.

Outro autor de grande calibre é Thomas Pynchon. Físico por formação, lida diretamente com a entropia em *The Crying of Lot 49* (O Leilão do Lote 49) de 1966. Ali ele mostra a desintegração mental de Oedipa Maas que, em contato com um bando de malucos, inclusive os roqueiros The Paranoids, acaba destruída pelo excesso de informações desordenadas, ao tentar penetrar no mistério de uma organização de correios secreta na Califórnia. Qualquer semelhança com nossa época hiperinformada e superconfusa não é mera coincidência.

Outras absurdetes poderiam engrossar esse time. O hippie Richard Brautingan escreve fábulas bonitas e trágicas situadas no Oeste americano. Ronald Sukenick é um pornógrafo muito inteligente. E Robert Coover reconta a morte do casal Rosemberg na cadeira elétrica nos anos 1950 em seu romance *The Public Burning* (A Execução Pública), tendo como narrador advinhe quem? O doce Richard Nixon.

Cerebráticos franceses ou o romance morto pela masturbação

Faz 30 anos que o *nouveau roman* (novo romance) vem tentando matar o romance. Para isso ele recusa o realismo (o parecer verdadeiro), recusa o enredo com começo, meio e fim, o herói metido em aventuras, o retrato psicológico e social, a mensagem política ou moral. Contra o modernismo, ele abandona o psicologismo e a literatura como conhecimento superior. Por outro lado, ele quer valorizar os objetos, que são analisados pelo olhar como por uma câmara cinematográfica. Usa vários narradores simultaneamente. Mistura realidade, sonho, delírio, para criar clima de incerteza. Embaralha a ordem espacial e temporal dos acontecimentos, numa extrema fragmentação. E privilegia o texto, o ato de escrever. Com isso, os cerebráticos franceses, porque existe aqui muito de masturbação mental, pretendem dizer que a realidade atual é impenetrável, desordenada, um verdadeiro bode entrópico.

Nathalie Sarraute, Michel Butor, Alain Robe-Grillet, Phillipe Sollers, Jean Pierre Faye e Maurice Roche são os nomes significativos dessa vertente da literatura pós-moderna, que realça, sobretudo, a técnica de construção/destruição do romance, em detrimento do conteúdo.

Em *La Maison de Rendez-Vous* (no Brasil, Encontro em Hong-Kong), Robe-Grillet começa e recomeça indefinidamente a contar sempre a mesma história: um tiro num prostíbulo onde, num número de streap-tease, um cachorro vai rasgando as roupas de uma adolescente. Tudo é dúvida e fragmentação. Não entendemos o que veio antes ou depois, os fatos se modificam a cada versão, e não sabemos quem os relata: se Manneret, que muda de nome e aparência ao longo do texto; se Lady Ava, a dona do prostíbulo; se é o papo entre dois desconhecidos num bar. Robe-Grillet usou o mesmo estilo no filme *O Ano Passado em Mariembad* para mostrar o seguinte: o real não existe, ele é sempre a versão fragmentária, parcial, de alguém. Temos aqui, também, a famosa desreferencialização do real pós-moderna, junto com a paródia do romance policial, cujas características — realismo, aventura, interesse, desvendamento do crime — o autor quer destruir.

Outro nome importante no *nouveau roman* é Michel Butor. Seu romance mais festejado — *A Modificação* — conta a viagem por trem, entre Paris e Roma, de um homem que abandonou a família pela amante. Mas, à medida que o trem avança para o futuro, ele corre para o passado, para suas lembranças, e aos poucos vai modificando sua decisão. A novidade é que o romance é narrado na segunda pessoa do singular: Tu estás sentado... Tu contemplas a planície... E como se o autor falasse com o personagem, mas porque, durante a leitura, nos identificamos com ele, o autor passa a falar conosco, e assim vivemos por tabela uma aventura amorosa.

Phillipe Sollers é o mais badalado entre os escritores da Revista-Grupo *Tel Quel*, que nos anos 1970 exerceu forte influência na França, na Europa e no Brasil. Seu *Drame* (Drama — 1965) põe em cena um autor às voltas com um romance que deseja escrever, mas não sabe sobre o quê. O verdadeiro "drama" são as dúvidas, os suores, as angústias e hesitações do autor ante o ato de escrever. Seu penúltimo livro — *Femmes* (Mulheres — 1983) — deixa essa torre de marfim para mergulhar no feminismo atual. Erotismo, sedução, contestação, retratam a ascensão feminina na pós-modernidade.

Em literatura, como nas demais artes, o pós-modernismo é um monte de estilos (pluralismo) convivendo sem briga no mesmo saco. Não há mais hierarquia, este não é melhor nem preferível àquele. E, claro, não há fórmula única. Por isso joias pós-modernas pintam, bem diferentes umas das outras, por toda parte. Na Itália, com Italo Calvino (*Cosmicomics, Se um Viajante numa Noite de Inverno*); na Alemanha, com Günter Grass (*O Tambor, O Linguado*); na América Latina, com Jorge Luis Borges, que muitos dizem ser o avô do pós-modernismo com seus textos baseados em outros textos, reais ou imaginários; Júlio Cortázar (*O Jogo da Amarelinha*); e Gabriel Garcia Marques (*Cem Anos de Solidão*).

Back to Belíndia

No Brasil, onde o modernismo foi um movimento cultural muito forte e influencia a literatura até hoje, o pós-modernismo apresenta na ficção, aqui e ali, apenas traços superficiais. Osman Lins, em *Avalovara*, está muito próximo do *nouveau roman* por seu cerebralismo. Em *A Festa*, Ivan Ângelo montou um quebra-cabeças político, social, cronológico, dos mais intrigantes. Rubem Fonseca, em *O Cobrador*, dá um tratamento hiper-realista (ele carrega nas tintas) ao sexo e à violência. Os três, no entanto, se acham demasiado presos ao realismo, ao compromisso social, enquanto o pós-modernismo exige fantasia, exagero, humor, carnaval, paródia, destruição. Victor Giudice, com seu fantasioso romance *Bolero*, e Sérgio Sant'Anna, nos contos com pessoas reais de *O Concerto de João Gilberto no Rio de Janeiro*, aproximam-se do pós-moderno, embora por caminhos diversos.

Foi a poesia que, nos tristes e repressivos anos 1970, rompeu o compromisso com a realidade, com o intelectualismo e o hermetismo modernistas, e partiu para ser marginal, diluidora, anticultural, pós-moderna. Brotaram a poesia do mimeógrafo, a lixeratura, o poema pornô, com Chacal, Samaral, Cacaso, Fred, Chico Alvin, Leila Mícolis, Ana Cristina César. São poemas espontâneos, mal-acabados, irônicos, em linguagem coloquial, que falam do mundo imediato do próprio poeta, zombam da cultura, escarnecem a própria literatura. Seu campo é a banalidade cotidiana, o corpo, o consumo, mas com um estilo solto, frio, frívolo, sem paixão nem grandes imagens.

Ainda na poesia, mais duas correntes cruzaram a fronteira pós-moderna: o poema-processo e a arte postal. Mobilizando o espaço visual da página, régua e compasso na mão, os poetas-processo montam painéis com palavras e todo tipo de imagem: foto, diagramas, rótulos, anúncios. Para eles, o poema precisa assimilar a imagem, a publicidade, os signos do cotidiano, abolindo o verso. Um cheque ouro do Banco do Brasil, carimbado com a suástica nazista, era um poema processo na época da ditadura. Wlademir Dias Pino, Joaquim Branco, Ronaldo Werneck e Álvaro Sá formam a linha de frente dessa corrente. A arte postal é basicamente o poema-processo enviado pelo correio. A margem do livro e das editoras, utiliza o postal, o cartaz, o carimbo, a fotocópia. O poema consiste em criações em cima de mensagens já veiculadas. O resultado é quase sempre humor, ironia, mas em tom frio, pós-moderno.

No som, no corpo, na cena, no cinema

Embora menos frequentes, o pós-modernismo tem feito visitas à música, à dança, ao teatro e ao cinema. Na música ele assume formas diversas. Está nas experiências que o revolucionário e imprevisível John Cage faz com o silêncio, como nas peças compostas por Steve Reich para mãos batendo descompassadas. Soa nos temas "minimalistas" de Philip Glass (frases tocadas em uníssono, repetidas à exaustão com pequenas variações de timbres) e no som *tecnopop* de Laurie. Anderson — a voz humana, os instrumentos e os gêneros populares ou eruditos (mais o rock) sendo processados pela parafernália eletrônica. E de quebra temos ainda o rock punk e new wave, com letras brandas descontraídas ou então niilistas tipo *A Gente Somos Inútil* (do Ultraje).

O que pós-moderno 67

Rainer Fetting, Dançarinos, ecletismo retro: Matissse +
expressionismo + primitivismo. (Movements in art since 1945,
Edward Lucie-Smith, p273.)

Poema-processo: surpresa, ironia, humor sobre os signos de massa.
(Laser para Lazer, Joaquim Branco.)

Cortando o formalismo e o drama, a dança pós-moderna põe no tablado até mesmo o grotesco, a feiura oferecida por dançarinas gorduchas. E a desestetização. Bailarinos podem ficar meia hora passando bolas de borracha uns para os outros, ou ainda, na linha "minimalista", andarem de um lado para o outro repetindo gestos banais, como em *Transit*, de Steve Paxton. O grande nome, no entanto, é a alemã Pina Bausch, cujas coreografias, passando do belo ao horroroso, desdefinem a dança ao máximo. No teatro, as experiências mais chocantes começaram como Living Theater de Jullan Beck (a peça vira happening com a participação do público), para vir a dar atualmente nos trans-vanguardistas italianos do grupo Gaia Scienza, cuja peça *Os Insetos Preferem as Urtigas* não tem texto nem enredo, só corpos a imitar no palco fenômenos biológicos: crisálidas, fetos, desabrochamentos.

No cinema, enfim, com altos efeitos especiais, corre solta a nostalgia acoplada à ficção científica. Reina o ecletismo (mistura de estilos) e o pastiche (imitação barata). *Indiana Jones* é a volta ao gibi, ao seriado. *Guerra nas Estrelas* leva para o cosmos as batalhas medievais, apoiando-se no computador e no laser. *Zelig*, de Woody Allen, é o cinema do cinema. A nostalgia dos anos 1920/1930 é refilmada com base em documentários da época. Mesclado ao filme policial, o futuro espetacular da tecnociência é focalizado por *Blade Runner*. E analisando a condição pós-moderna, circularam *Salve-se Quem Puder*, de Godard (note o individualismo) e *Paris-Texas*, de Wim Wenders, dois passeios cruéis pelo deserto atual.

Bit balanço

Dizer Sim ou Não, O ou 1 para a antiarte pós-moderna? A discussão está em aberto. Muitos a veem decadente. Das criações grandiosas de Picasso e Joyce às brincadeiras e paródias atuais, sem força intelectual, sem regras estéticas, houve queda ou fim de padrões. A arte agora é pastiche e ecletismo porque perdeu a originalidade, não sabe mais criar. Niilista, a desestetização levou à morte da arte. É uma.

Mas outros sentem no pós-modernismo uma praga boa e saudável. Abala preconceitos, põe abaixo o muro entre arte culta e de massa, rompe as barreiras entre os gêneros, traz de volta o passado (os modernos só queriam o novo). Democratizando a produção, ele diz: que venham a diferença, a dispersão. A desordem é fértil. Pluralista, ele propõe a convivência de todos os estilos, de todas as épocas, sem hierarquias, num vale-tudo que acredita no seguinte: sendo o mercado um cardápio variado, e não havendo mais regras absolutas, cada um escolhe o prato que mais lhe agrada. Morte ou renovação, também na arte o pós-modernismo flutua no indecidível.

ADEUS ÀS ILUSÕES

O fliperama do nada

O pós-modernismo desembarcou na filosofia em fins dos anos 1960 com uma mensagem demolidora na mochila: a *Desconstrução do discurso filosófico ocidental*, da maneira como o Ocidente pensa (e age). Discurso é fala, é o dito. Do grego Platão, no século 4 a.C., até o francês Sartre em nossos dias, os filósofos ocidentais disseram as coisas de determinado modo, com certas atitudes e pressupostos inconscientes. *Desconstruir* o discurso não é destruí-lo, nem mostrar como foi construído, mas pôr a nu o não dito por trás do que foi dito, buscar o silenciado (reprimido) sob o que foi falado. Com os pensadores pós-modernos, a filosofia e a própria cultura ocidental caíram sob um fogo cerrado.

Rose, lá na fabulazinha, escrevia uma tese: *Em Cena, a Decadência*. O pós-modernismo está associado à decadência das grandes ideias, valores e instituições ocidentais — Deus, Ser, Razão, Sentido, Verdade, Totalidade, Ciência, Sujeito, Consciência, Produção, Estado, Revolução, Família. Pela desconstrução, a filosofia atual é uma reflexão sobre ou uma aceleração dessa queda no niilismo. *Niilismo* — da palavra latina *nihil* = nada — quer dizer desejo de nada, morte em vida, falta de valores para agir, descrença em um sentido para a existência. A desconstrução pretende revelar o que está por trás desses ideais maiúsculos, agora abalados, da cultura ocidental.

Desde a Grécia antiga, as filosofias são discursos globais, totalizantes, que procuram os primeiros princípios e os fins últimos para explicar ordenadamente o Universo, a Natureza, o Homem. A pós-modernidade entrou nessa: ela é a valsa do adeus ou o declínio das grandes filosofias explicativas, dos grandes textos esperançosos como o cristianismo (e sua fé na salvação), o Iluminismo (com sua crença na tecnociência e no progresso), o marxismo (com sua aposta numa sociedade comunista). Hoje, os discursos globais e totalizantes quase não atraem ninguém. Dá-se um adeus às ilusões.

Mas como é possível o niilismo irracional — a decadência — brotar nas sociedades pós-industriais dominadas pela tecnociência, pela programação, que são a própria racionalidade na produção, no trabalho, na burocracia e até no cotidiano? Basta olhar para o mundo atual.

O choque entre a racionalidade produtiva e os valores morais e sociais já se esboçava no mundo moderno, o industrial. Na atualidade pós-moderna, ele ficou agudo, bandeiríssimo, porque a tecnociência invade o cotidiano com mil artefatos e serviços, mas não oferece nenhum valor moral além do hedonismo consumista. Ao mesmo tempo, tais sociedades fabricaram fantasmas alarmantes como a ameaça nuclear, o desastre ecológico, o terrorismo, a crise econômica, a corrupção política, os gastos militares, a neurose urbana, a insegurança psicológica. Elas têm meios racionais, mas só perseguem fins irracionais: lucro e poder.

Ora, o barato de alguns (não todos) filósofos pós-modernos é que eles não querem restaurar os valores antigos, mas desejam revelar sua falsidade e sua responsabilidade nos problemas atuais. Para isso, eles lutam em duas frentes:

1) Desconstrução dos princípios e concepções do pensamento ocidental — Razão, Sujeito, Ordem, Estado, Sociedade etc. — promovendo a crítica da tecnociência e seu

casamento com o poder político e econômico nas sociedades avançadas, que resultou no tão amaldiçoado Sistema.

2) Desenvolvimento e valorização de temas antes considerados menores ou marginais em filosofia: desejo, loucura, sexualidade, linguagem, poesia, sociedades primitivas, jogo, cotidiano — elementos que abrem novas perspectivas para a liberação individual e aceleram a decadência dos valores ocidentais.

Para essa guerra, filósofos pós-modernos, tais como Jacques Derrida, Gilles Deleuze, François Lyotard, Jean Baudrillard, foram buscar armas em vários arsenais. Num pensador maldito — Nietzsche — o primeiro a desconstruir os valores ocidentais; na Semiologia, pois atacam as sociedades pós-industriais baseadas na informação, isto é, no signo; e no ecletismo Marx com Freud, fundindo aspectos pouco conhecidos de suas obras. Esse pim-pam-pum de ideias no fliperama digital do nada é interessante.

Viver não é sobreviver ou o profeta de Walkman

Nietzsche entrou em moda nos anos 1970 e continua no hit-parade. Pós-moderno já no fim do século XIX, ele foi fundo com o dedo na ferida atual: o niilismo, a desvalorização dos valores supremos, o desencanto com a vida. Por isso, Nietzsche agride a Razão, o Estado, a Ciência, a Organização social moderna por domesticarem o homem, anulando seu instinto e criatividade. Três conceitos e valores ocidentais vão ser desmascarados por sua crítica desconstrutiva: Fim. Unidade. Verdade.

Para Nietzsche a própria criação de valores supremos significou niilismo, decadência, pois trocou-se a vida carnal, instintiva, concreta, por modelos ideais inatingíveis (O Belo, O Bom, O Justo). Mas vendo-se abandonado no universo, o homem ocidental *projetou valores supremos* que lhe acalmassem a angústia, lhe justificassem a existência. Fim (para garantir um sentido, um happy-end); Unidade (para assegurar que o universo é um todo conhecível pela ciência); e Verdade (para guiar-se pelo ser, pela real natureza das coisas).

Uma vez projetados, a História ocidental se encarregou de *desvalorizar os valores supremos*, substituindo-os pela banalidade cotidiana, o conformismo, o pessimismo, a passividade, a falta de força moral. Quem se preocupa hoje com a verdade? Quem busca hoje a salvação eterna? Por que multidões viraram carneiros indo para o trabalho, o exército, o estádio?

Finalmente, acha Nietzsche que o niilismo será a fonte para uma *transvaloração de todos os valores*. Novos valores virão, em bases mais sólidas. A superação do niilismo será um rejuvenescimento cultural, culminando com a chegada do Super-homem e sua aposta na vida instintiva, na intensificação dos sentidos, do prazer. Não uma vida com ideais no Céu ou no Olimpo, mas aquela que flui para todos os lados, sem rotinas, enraizada no presente e aberta ao devir, ao futuro.

Fim, Unidade e Verdade e sua valorização, desvalorização e transvaloração. Com isso, Nietzsche está abalando três pilares da cultura ocidental: cristianismo (Fim), o conhecimento científico (Unidade) e a Razão filosófica e moral (Verdade). A pós-modernidade é o momento em que tais valores, ainda atentos e fortes durante a modernidade industrial, entram em decadência acelerada. Se isso vai dar ou não na transvaloração, no Super-homem, é outro papo.

Mas voltando a Nietzsche, ao propor que outra vida, lá no Céu, seria o Fim do homem, o cristianismo negou a vida aqui na Terra e com ela negou o corpo, o prazer, a alegria, o presente. Além disso, um Deus punitivo plantou no coração do homem a culpa — sua flor mais nefasta.

A suposta Unidade do cosmos levou a ciência a opor o Homem (o conhecedor) à Natureza (o conhecido), Ao mesmo tempo, fragmentou a Natureza em campos de conhecimento (Física, Química, Biologia) e decretou, pela Matemática, a quantificação do mundo natural e social para tornar as coisas previsíveis, isto é, programáveis, matando assim a eterna novidade do futuro, o movimento sempre incerto com que jorra a vida.

Escravizando-se à Verdade, enfim, o homem ocidental quis governar sua existência só pela Razão, que supostamente mergulha no ser das coisas, traça uma moral racional, quando na realidade a vida é também instinto e emoção, força e imaginação, prazer e desordem, paixão e tragédia. (Abra os jornais: todo dia tem gente matando ou glorificando-se por alguns desses impulsos, quase nunca pela Verdade ou pela Razão.)

Para superar o niilismo — que está pondo abaixo os valores supremos, alimenta o pessimismo e a fraqueza — a transvaloração de todos os valores perseguida por Nietzsche ergueria uma cultura voltada para o prazer na alegria, o corpo integrado à imaginação poética, à arte, em suma. Nem a religião, nem a ciência, nem a filosofia, mas a arte, com sua embriaguez dos sentidos, enraizada no presente, mas aberta ao futuro, a arte seria o fio condutor para um novo estilo de vida.

Nesse estilo, quanto aos Fins: nada de Deus nem de Estado, mas cada um vivendo sem sobreviver, realizando o melhor de si como *obra de arte* aqui e agora. Quanto à Unidade: nada de conhecimento científico, de programação, pois o cosmos, como a vida, é um jogo indefinido, aberto, sem direção e o *pluralismo*, isto é, a diversidade das formas, dos caminhos é a sua lei. Quanto à Verdade, nada de conceitos universais e eternos, mas a sabedoria do corpo, o valor do erro e da ilusão, a afirmação segundo a *perspectiva* de cada um, o sujeito deixando-se rolar pelo tempo guiado pelo pragmatismo dos instintos, num ego a flutuar de experiência em experiência, sem se preocupar com uma identidade fixa.

Tanta lucidez e desejo de liberação levaram Nietzsche a morrer louco em 1900. Esse profeta, que pensava durante longas caminhadas, usaria hoje um walkman sem som para melhor enxergar na confusão da nossa época.

Abaixo o Ocidente

Na trilha aberta por Nietzsche, o filósofo Jacques Derrida, que inventou a palavra *desconstrução*, atacou a besta chamada *Logocentrismo ocidental*. O Ocidente, segundo ele, só sabe pensar pelo Logos, que em grego significa palavra, razão, espírito.

Paremos aqui e voltemos a fita um pouco. Derrida é pós-moderno porque pós-estruturalista. O estruturalismo nas ciências humanas é a corrente que, nos últimos 30 anos, recebeu grande impulso na Linguística e na Semiologia. Ele analisa os fenômenos sociais e humanos como se fossem textos, discursos. A moda, o casamento, o sonho podem ser "lidos" como se fossem "frases" de uma língua, signos com um significante e um significado (no sonho as imagens são significantes cujo significado o analista descobre). Pois bem, na Antropologia, na Psicanálise, na Sociologia, o estruturalismo explicou cientificamente muita coisa no homem que antes era privilégio da Filosofia comentar. Assim, a Filosofia ficou meio desempregada, meio boca inútil. Após o estruturalismo, só lhe restou voltar-se sobre si mesma, pensar a sua própria história, investigar o seu próprio discurso.

E aí que entra Derrida com a desconstrução do Logocentrismo. No centro da cultura e da filosofia ocidentais está o Logos, isto é, o espírito racional que fala, discursa. E como? O Logos é a razão e a palavra falada, no sujeito humano, transformando as coisas em conceitos universais. O conceito *cadeira*, por exemplo, expresso pela palavra "cadeira", produz um modelo universal para esse objeto, apagando as diferenças entre as cadeiras reais (de pau, de ferro, de palha). O conceito torna idênticas todas as cadeiras porque elimina as diferenças entre elas. O Logocentrismo acaba com as diferenças entre as coisas reais ao reduzi-las à identidade no conceito.

Mas isso não ficou apenas nas modestas cadeiras. É um jeito ocidental de pensar e agir. Os jesuítas convertiam as diferentes tribos brasileiras a uma idêntica religião: o cristianismo. Os brancos europeus submeteram vários povos, de diferentes raças, a uma idêntica economia: o capitalismo. A linha de montagem impôs a diferentes personalidades gestos idênticos. O ocidente sempre se deu mal com as diferenças: a do índio, do negro, do louco, do homossexual, da criança, da poesia (expulsa da República por Platão).

Ora, embutida no Logos, Derrida descobre uma cadeia desses grandes conceitos universais que atravessa toda a cultura ocidental. Logos é Espírito, que dá em Razão, que faz Ciência, que promove a Consciência, que impõe a Lei, que estabelece a Ordem, que organiza a Produção. No entanto, a cadeia das maiúsculas só se promoveu reprimindo e silenciando como inferiores os termos de uma outra cadeia: corpo/ emoção/ poesia/ inconsciente/ desejo/ acaso/ invenção. Além de matar as diferenças em identidades, o Logos comete uma segunda violência: hierarquiza esses elementos, valoriza, torna uns superiores aos outros. Os primeiros — maiúsculos, superiores — reduzem o mundo a identidades, são sólidos, centrais, racionais, duradouros, programáveis. Os outros — minúsculos, inferiores — pulverizam o mundo em diferenças, são fugidios, sem centro, irracionais, breves, imprevisíveis.

Em guerra com a tradição ocidental, ao desconstruir seu discurso para trazer à tona o reprimido, Derrida e outros filósofos pós-modernos querem injetar vida nova nas diferenças contra a identidade, na desordem contra a hierarquia, na poesia contra a lógica. Eles pensam contra as manias mentais ocidentais, um pensar sem centro e sem fim, mais para literatura que para filosofia. Vinculado a pequenas causas, é um meditar minoritário tendo como objeto o corpo, a prostituição, a loucura, o cotidiano, contra o Espírito, a Família, a Normalidade e a Grande Revolução Final.

Marx & Freud Ilimitada

Eclético por excelência, o pensamento pós-moderno andou cruzando, em várias posições, Marx com Freud, marxismo e psicanálise, para desmantelar algumas ficções ocidentais. Em 1972, o filósofo Gilles Deleuze e o psicanalista Felix Guattari bagunçaram as ideias contemporâneas com um petardo chamado O *Anti-Édipo*. O livro metia a noção marxista de produção nos porões do inconsciente freudiano. Este deixava de ser o cenário das imagens e emoções recalcadas para virar máquina desejante, energia produtora de desejos. A ideia de máquina desejante era filha do cruzamento da sociedade capitalista (Marx/máquina) com o inconsciente individual (Freud/desejo). Sociedade e indivíduo eram uma coisa só: máquinas desejantes.

Só que, entoava o *Anti-Édipo*, essas máquinas estavam com suas energias domesticadas, dirigidas para outros fins que não a liberdade e o prazer. No indivíduo: para ser sujeito, ter uma identidade, todo mundo passa pelo complexo de Édipo (o desejo de matar o pai e trepar com a mãe). Se a criança supera essa fase, entre os 3 e 4 anos, a educação terá sucesso em programar sua identidade: o sujeito será cidadão normal, consumidor, trepará bonitinho (pênis in vaginal com sua mulher, obedecerá os horários, etc. (Se não supera, se rejeita a programação social, a criança fica esquizofrênica). Na sociedade capitalista: dinheiro, luz elétrica, transportes, mercadorias, trabalho humano, lazer, são energias dominadas pela programação racional da produção e destinadas ao lucro. Nos dois casos há repressão, as máquinas desejantes estão com sua produção desvirtuada, sem gozo pleno. Para derrotar o sistema, e liberar o desejo em sua plenitude, a duplinha Deleuze-Guattari só vê uma saída: promover o Anti-Édipo, o esquizofrênico, a pura máquina desejante que o Complexo de Édipo, isto é, a família não programou.

Desprogramado, o esquizofrênico usa suas energias como lhe dá na telha. Não come ou come quando quer, não caga ou caga onde está, não respeita horários nem patrões, goza com todas as saliências e buracos. Mas atenção: conforme disse Guattari numa entrevista, ele não é o psicótico que está fora da realidade. Liberado em seu desejo, deixando suas energias fluírem e se conectarem com outras máquinas desejantes como mais lhe agradar, o esquizofrênico é o modelo para o revolucionário de nossos dias. Ele desmonta ponto por ponto a programação capitalista na fábrica, na família, nos serviços, no sexo, ao liberar os fluxos de energia que, correndo livremente, acoplarão e desacoplarão boca e pênis, ânus e seio, tal as máquinas.

Isso, claro, é uma utopia às avessas. Mas Deleuze e Guattari sabem que Estados, países, burocracias, empresas, partidos, sindicatos, escolas, são máquinas enormes onde as energias seguem programações repressivas e assim a única liberação possível é pela *Revolução Molecular*: fragmentar o Sistema, desconstruir os grandes organismos na aula, em casa, no hospício, no banco, no trânsito, na praça, até reduzi-lo às suas menores moléculas. A Revolução não virá mais da massa reunida no Partido ou no Sindicato, grandes totalidades. Ela se fará por despedaçamento, anarquia, evitando-se as unidades maiores, as normas, os centros de comando. Daí que a Revolução Molecular se bate pelo feminismo, a droga, a antieducação, a antipsiquiatria, o trabalho improdutivo. Ela não berra: "Proletários de todo o mundo, uni-vos." Mas faz correr de boca em boca: "Morte ao Todo, viva a Partícula".

Outra fusão Marx com Freud foi tentada pelo filósofo francês Jean François Lyotard. Ele criou uma economia libidinal (libido é a energia sexual freudiana) que também visa à liberação do desejo na micropolítica do cotidiano (na cama, no hospital, no supermercado), onde quer que pinte repressão. A contribuição mais importante de Lyotard, no entanto, está no livro *A Condição Pós-moderna* (1979). Ali ele expõe como a tecnociência, hoje coração integrado das sociedades pós-industriais e da pós--modernidade, não procura mais, como a Ciência moderna, a Verdade. Concentrada em áreas ligadas à linguagem — comunicação, cibernética, informática, telemática — ela busca a performance, o melhor resultado.

Nestes ramos, associada ao poder econômico e político, a tecnociência não visa mais a conhecer o real, espelhando-o em números e leis, mas tende antes a acelerar informações para a indústria e os serviços produzirem novas realidades a um ritmo mais rápido e a um custo mais baixo. A tecnociência tornou-se *performativa* (performance = desempenho, resultado). As sucessivas gerações de computadores, com capacidade lógica e de processamento sempre maiores, não descobrem novas verdades, mas ampliam a performatividade.

Foi assim que, após semanas processando dados, um computador permitiu ao ciclista Francesco Moser quebrar seu próprio recorde mundial, ao percorrer 51,151 km em uma hora. Técnicos em medicina, biologia, informática coletaram dados e prepararam o evento. O computador combinou as medidas coletadas até estabelecer os momentos mais favoráveis à aceleração e ao descanso, otimizando a performance do corredor. A máquina calculou melhor que o homem os momentos ideais para decisões humanas. Mas como disse uma vendedora de vibradores no Macy's em Nova York: "Se funciona, aleluia".

Mais para cabaré do que para capela, a cena filosófica pós-moderna tem no palco a tecnociência em contradança com o niilismo. Lyotard, e outros, que desejam acelerar o niilismo, a decadência, se bate por uma ciência pós-moderna, não performativa, mas permissiva, uma ciência do instável, do contraditório, do paradoxal (tudo isso é antiocidental), tal como surge na teoria das catástrofes de René Thon ou na da comunicação paradoxal de Watzlawick, que permite entender melhor os esquizofrênicos. Dessa ideia estão perto Feyerabend, um cientista que avacalha a ciência em favor da liberdade humana, e o físico russo, exilado na Bélgica, Ilya Prigogine, para quem a desordem não é o caos, mas parteira de estruturas racionais e práticas (certos insetos constroem belíssimas arquiteturas juntando materiais ao acaso).

Outros querem deter a avalanche niilista. O americano Daniel Bell, sociólogo mais para a direita, só vê a saída num retorno à religião. Já Jurgen Habbermas, filósofo alemão herdeiro atual da famosa Escola de Frankfurt e, portanto um esquerdista, pensa que a saída, na era da informação, está na *comunicação autêntica*, recrutando em Marx e Freud armas para combater os efeitos maléficos da comunicação de massa, diluidora, anti-humana. Outros ainda, como Gilles Lipovetsky, autor do livro *L'Ére du Vide* (A Era do Vazio), acham o niilismo um barato, pois libera o indivíduo das velharias e alimenta seu desejo de personalização e responsabilidade por si mesmo, num mundo sem Deus nem o Diabo.

A MASSA FRIA COM NARCISO NO TRONO

Clip-extravagância

Nesses anos 1980 o pós-modernismo chegou aos jornais e revistas, caiu na boca da massa. Um novo estilo de vida com modismos e ideias, gostos e atitudes nunca dantes badalados, em geral coloridos pela extravagância e o humor (vide o *Planeta Diário*), brota por toda parte. Micro, videogame, videobar, FM, moda eclética, maquilagem pesada, new wave, ecologia, pacifismo, esportivismo, pornô, astrologia, terapias, apatia social e sentimento de vazio — estes elementos povoam a galáxia cotidiana pós-moderna, que gira em torno de um só eixo: o indivíduo em suas três apoteoses — consumista, hedonista, narcisista.

O indivíduo pós-moderno consome como um jogo personalizado bens e serviços, do disco a laser ao horóscopo por telefone. O hedonismo — moral do prazer (não de valores) buscada na satisfação aqui e agora — é sua filosofia portátil. E a paixão por si mesmo, a glamurização da sua autoimagem pelo cuidado com a aparência e a informação pessoal, o entregam a um narcisismo militante. É o *neoindividualismo* decorado pelo *narcisismo*.

Enquanto estilo extremamente individualista, o pós-modernismo prolonga o jeito de ser liberado e imaginoso vivido na boêmia pelas vanguardas artísticas modernistas. Ele é hoje a democratização, no cotidiano, daquilo que as vanguardas pretendiam com a arte: expressão pessoal, expansão da experiência, vida privada. (Isto parece se chocar com a sociedade programada, mas logo veremos como a questão é complicada e ambígua).

Em contraste com o individualismo moderno, forjado pelo liberalismo econômico no século XVIII, e que era burguês, progressista, tenso, O neoindividualismo atual é consumista e descontraído, mantendo relações muito especiais com a sociedade pós-industrial, sua mãe dileta. Aparentemente ele consagra o Sistema, mas também lhe cria problemas. De que maneira?

As sociedades pós-industriais, planejadas pela tecnociência, programam a vida social nos seus menores detalhes, pois nelas tudo é mercadoria paga a uma empresa privada ou estatal, seja um telex em banco ou uma hidromassagem. Sendo economias muito ricas, que têm como única meta a elevação constante do nível de vida, elas deixam ao indivíduo a opção de consumir entre uma infinidade de artigos, mas não a opção de não consumir.

Além disso, há o apelo constante do novo. Viver é estar de mudança para a próxima novidade. Com uma gama enorme de bens e serviços, para todas as faixas e gostos, a seu alcance, só resta ao indivíduo escolher entre eles e combiná-los para marcar fortemente sua individualidade. Embora a produção seja massiva, o consumo é personalizado (vide o cheque "personalizado"). Assim, o sistema propõe, o indivíduo dispõe. E o pleno conformismo e o sistema parece triunfar de cabo a rabo.

Mas sua vitória não é tranquila. Têm surgido contra o sistema efeitos bumerangues tipicamente pós-modernos. O individualismo exacerbado está conduzindo à *desmobilização* e à *despolitização* das sociedades avançadas. Saturada de informação e serviços, a massa começa a dar uma banana para as coisas públicas. Nascem aqui a famosa indiferença, o discutido desencanto das massas ante a sociedade tecnificada e informatizada. É a sua colorida apatia frente aos grandes problemas sociais e humanos.

Ora, com mil demônios, não é precisamente isso que interessa ao sistema, todo mundo consumindo e conformado?

Até certo ponto, sim. Mas daí em diante é o tecido social que começa a se descoser, a se fazer em fiapos. O consumo apenas não segura a barra. Eis por que, para se legitimar, para se garantir, além da eficiência econômica, o sistema precisa manter em cena velhos valores e instituições como Pátria, Democracia, História, Família, Religião, Ética do trabalho, ainda que eles sejam puros simulacros. Prova disso são os discursos ultranacionaloides de Reagan (a Reaganoia) e a campanha na França para elevar a taxa de natalidade. Mas a moçada está resistindo.

Extravagantes e apáticos, vivendo em *clip* (ritmo apressado), os indivíduos que formam a massa pós-moderna estão criando uma paisagem social diferente daquela desenhada pela massa moderna. Vejamos que traços a desmobilização e a despolitização vêm esboçando nas sociedades pós-industriais.

A massa não é mais aquela

Até há pouco a massa moderna era industrial, proletária, com ideias e padrões rígidos. Procurava dar um sentido à História e lutava em bloco por melhores condições de vida e pelo poder político. Crente no futuro, mobilizava-se para grandes metas através de sindicatos e partidos ou apelos nacionais. Sua participação era profunda (basta lembrar as duas guerras mundiais).

A massa pós-moderna, no entanto, é consumista, classe média, flexível nas ideias e nos costumes. Vive no conformismo em nações sem ideais e acha-se seduzida e atomizada (fragmentada) pelos mass media, querendo o espetáculo com bens e serviços no lugar do poder. Participa, sem envolvimento profundo, de pequenas causas inseridas no cotidiano — associações de bairro, defesa do consumidor, minorias raciais e sexuais, ecologia.

A esta mudança os sociólogos estão chamando *deserção do social*. E como tornar deserta uma região. Pela desmobilização e a despolitização, o neoindividualismo pós-moderno, que tende ao descompromisso, ao *não tenho nada com isso*, vem esvaziando as instituições sociais. História, política, ideologia, trabalho — instituições antes postas em xeque apenas pela vanguarda artística — já não orientam o comportamento individual, e seu enfraquecimento é contínuo nos países avançados. A deserção é uma sacação nova da massa. Ela não é orientada nem surge conscientemente, como também não visa à tomada do poder, mas pode abalar uma sociedade, ao afrouxar os laços sociais. Há dados para se avaliar esse esvaziamento, como igualmente há novas atitudes substituindo as tradicionais.

Deserção da História: Não houve desertores americanos na guerra da Coreia em 1950; na do Vietnã, finda em 1975, houve aos montes. A massa moderna acreditava que a

História (e seus países) marchava pela revolução ou pelo progresso para situações mais democráticas e felizes. Esse otimismo não existe na massa pós-moderna, que perdeu o senso de continuidade histórica. Ela vive sem as tradições do passado e sem um projeto de futuro. Só o presente conta. Pátria, heróis e mitos colam muito pouco num tempo programado pela tecnociência. Além disso, o pesadelo nuclear, as crises econômicas e a velocidade de mudança estão armando, para o término do século, um clima apocalíptico, de fim da História.

Por outro lado, em vez de crer e atuar na História, os indivíduos estão se concentrando em si mesmos, hiperprivatizando suas vidas. Eles investem é em saúde, informação, lazer, aprimoramento pessoal. A massa moderna queria a História quente, combativa; a pós-moderna quer esfriar a História, congelá-la numa sucessão de instantes isolados e sem rumo. Veja, não houve uma só guerra entre países capitalistas avançados de 1945 para cá.

Deserção do político e do ideológico: Nos EUA, nas últimas eleições presidenciais, entre 40 e 45% dos eleitores não votaram. As greves políticas praticamente cessaram na Europa capitalista desde 1968. As eleições dependem mais da performance do candidato nos mass media que de suas ideias. E ninguém no planeta acredita que políticos e tecnocratas apinhados no Estado representam o povo ou possuam altos ideais. O trambique político é demasiado transparente. No plano ideológico, nos anos 1970 o eurocomunismo abrandou a carranca do comunismo e as democracias sociais europeias frearam a fúria capitalista. Ou seja, posições rígidas — o comunista, o fascista, o capitalismo selvagem — cedem lugar a posições flexíveis, pragmáticas, em busca da eficácia a curto prazo. Até a luta sindical perde vigor: na França, por exemplo, o índice de trabalhadores sindicalizados caiu de 50% em 1955 para 25% em 1985.

Essa descrença no político faz a massa pós-moderna dar as costas para as grandes causas. Ela cobra do sistema eficiência na administração e nos serviços tais como educação, transportes, saúde, mostrando-se essencialmente pragmática e não ideológica. Se a modernidade teve intensa mobilização política (duas guerras mundiais, revoluções, guerras anticoloniais), a pós-modernidade se interessa antes pelo transpolítico: liberação sexual, feminismo, educação permissiva, questões vividas no dia a dia. Normalmente o indivíduo pós-moderno evita a militância fogosa e disciplinada. Ele é frio, prefere movimentos com fins práticos, nos quais a participação é flutuante e personalizada. Nada de lutas prolongadas ou patrulhamento ideológico. Ele vai na onda, nas subculturas punk, metaleira, yuppie.

Deserção do trabalho: A massa pós-moderna não tem ilusões: sabe que trabalhará sempre para um sistema, capitalista, socialista, ou marciano. Por isso ela não crê no valor moral do trabalho nem vê na profissão a única via para a autor-realização. Inclinada ao lazer, ela falta muito ao trabalho (absenteísmo). A França levou dez anos para situar seu índice de absenteísmo em pouco abaixo dos 8,3% atingidos em 1974. E há filósofos defendendo a improdutividade.

Concentrado no setor de serviços (lojas, bancos, escritórios, administração, laboratórios), o trabalho pós-moderno é um jogo comunicativo entre pessoas. Sem a tensão da linha de montagem moderna, pede antes o sorriso, a descontração (a moça do Bradesco, por exemplo). E mais leve. Mesmo assim, as pessoas vivem correndo para o lazer, e não reivindicam tanto melhores salários como desejam uma semana de quatro dias. Os esportes individuais — asa delta, Wind-surf, tênis, skate, ski, atletismo — disputam com as viagens, a informação, o aprendizado de línguas estrangeiras e de instrumentos musicais, a primazia no uso do tempo livre.

Deserção na família: Há bom tempo a família não é o foco da existência individual. Escola e mass media predominam na formação da personalidade. Sai-se cedo de casa, casa-se tarde, descasa-se com facilidade e, sobretudo, reproduz-se pouco. Nos EUA, pessoas morando sozinhas, casais sem filhos ou coabitando simplesmente somam 57% das casas. O lar afunda.

No lugar da família guardiã moral, apoio psicológico, a pós-modernidade propõe ligações abertas tipo amizade colorida. O swing é experiência válida e a educação evolui para o permissivo (ninguém expulsa a filha de casa só porque ela deu uma bimbadinha com o namorado). A pílula faz recuar o poder paterno. O rei pênis e seus dois assessores impõem menos o sexo genital ante a vaga homossexual e transexual em ascensão. Moral branda, amor descontraído. Sai o tango, entra o rock "amor sem preconceitos, sexo total".

Deserção da religião: O pós-modernismo, já se disse, é o túmulo da fé. As religiões antigas cedem ante uma porção de pequenas seitas sem futuro, os indivíduos procuram credos menos coletivos, mais personalizados (meditações, zen-budismo, yoga, esoterismo, astrologia), e a transcendência divina acabará fechando por falta de clientes: 45% dos franceses entre 15 e 35 anos não acreditam em Deus.

É que o homem pós-moderno não é religioso, é psicológico. Pensa mais na expansão da mente que na salvação da alma. Há toda uma cultura *psi* fazendo a cabeça da moçada: psicanálise, psicodrama, gestalt, bioenergética, biodança, grito primal e por aí vai. Para não falar no dilúvio de bolinhas e alucinógenos que rola. Nisso tudo, o bom é que a cultura religiosa era culpabilizante, enquanto a *psi* é liberadora. Ao sujeito pós-moderno interessa um ego sem fronteiras, não uma consciência vigilante.

O vazio cintilante

Vimos que, desertos, enfraquecidos, os valores e instituições tradicionais, ainda conservados pela modernidade burguesa, vêm perdendo terreno na moldagem, motivação e controle dos indivíduos nas sociedades avançadas. Que mecanismos, então, exercem esses papéis? O consumo, os mass media e a tecnociência, claro. A resposta é boa, mas parece de polichinelo. Não diz *por que* nem *como*. Vamos primeiro ao *por quê*.

As sociedades pós-industriais vivem saturadas pela informação. Vai-se ao consumo pela informação publicitária, consome-se informação no design, na embalagem, devora-se informação nos mass media e na parafernália ofertada pela tecnociência (micro, vídeo, etc.). O sujeito se converte assim num terminal de informação. Mas um terminal isolado de outros terminais, pois as mensagens não se destinam a um público reunido, mas a um público disperso (cada um em sua casa, seu carro, seu micro). Eis por que a massa pós-moderna é atomizada (ultrafragmentada). Enquanto a massa moderna era um bloco movido por interesses de classe e por ideias, na pós-modernidade ela é uma nebulosa de indivíduos atomizados, recebendo informação em separado. Ora, para motivar e controlar sujeitos atomizados, a autoridade e a polícia são secundárias.

Basta bombardeá-los com mensagens que excitem seus desejos.

Agora vamos ao *como*. De que maneira o consumo, os mass media e a tecnociência modelam, motivam e controlam a nebulosa pós-moderna pelo bombardeio informacional? As mensagens são lançadas ao acaso, mas não são boladas de qualquer jeito. Não apenas representando o real, mas sendo hoje o real, as mensagens são criadas visando à *espetacularização da vida*, à *simulação do real* e à *sedução do sujeito*. Assim as compreende o sociólogo francês Jean Baudrillard.

A espetacularização converte a vida em um show contínuo e as pessoas em espectadores permanentes. Antigamente os espetáculos — paradas, festas, jogos — eram ocasionais e à parte. Agora, a começar pela arquitetura monumental, eles reinam em pleno cotidiano. TV, vitrines, revistas, moda, ruas, na sociedade de consumo, geram um fluxo espetacular cuja função é embelezar e magnificar o dia a dia pelas cores e formas envolventes, o tamanho e o movimento de impacto. Tudo fica "incrível", "fantástico", "sensacional".

O espectador é o que vê, mas também o que espera por novas imagens atraentes e fragmentárias para consumir. Ele se acha mergulhado na cultura blip — cultura do fragmento informacional, cintilações no vídeo. Assim, por um lado a espetacularização motiva e controla a nebulosa de espectadores mantendo-a continuamente à espera de novas imagens, bens e serviços; por outro, pela estetização, glamuriza e alivia a banalidade cotidiana. Procuramos nas ruas, nos rostos, o farto colorido das revistas e da TV.

Como isto é possível? Pela simulação, pelos simulacros. Em outras épocas, os simulacros (mapas, maquetes, estátuas, quadros) foram instrumentos ou obras de arte. Na pós-modernidade eles formam a própria ambiência diária. Materiais e processos simulantes trazidos pela tecnociência reproduzem com mágica perfeição o real. A fórmica simula o jacarandá. Um flavourizante põe sabor morango no chocolate. Batalhas siderais se travam no videogame e sintetizadores programáveis tocam flauta. O silicone recicla marmanjos em gato nas (vide La Close), enquanto vaginas eletro-masturbantes fabricam a cópula — a um! Pontos coloridos na TV avivam o mundo, ao mesmo tempo em que computadores simulam na Terra pousos lunares.

Vimos lá atrás certa mamãe preferindo mostrar a filha na foto (no simulacro) a exibir a filha real. Temos aí a operação básica da pós-modernidade: a transformação da realidade em signo. Simulacro = signo. A fórmica é signo do jacarandá, o Monza na TV é signo do Monza na estrada. Mas e daí? Daí que, se o real é duro, intratável, o simulacro é dócil e maleável o suficiente para permitir a criação de uma hiper-realidade. Intensificado, estetizado, o simulacro faz o real parecer mais real, dá-lhe uma aparência desejável. A fórmica é mais lisa e lustrosa que o jacarandá, o Monza na TV surge mais ágil e nobre que na estrada. Esse *hiper*, esse *mais* agregado pela tecnociência aos simulacros resulta em espetáculo e em desreferencialização das coisas: temos mesa de jacarandá sem jacarandá, concerto de flauta sem flauta.

Parte-se então para se desejar os objetos segundo o código dos simulacros. E comum as donas de casa, ao prepararem um pudim industrializado, se sentirem frustradas porque ele não fica brilhante como o pudim da embalagem. Foi-se o tempo em que havia separação clara entre real e imaginário, signo e coisa. Vive-se agora entre simulacros em espetáculo para seduzir o desejo.

A sedução pós-moderna diz de mil maneiras ao indivíduo: libere seus desejos, há bens e serviços só para você. A modernidade, produtora de energia, era dominada pela força (máquinas, armas, disciplina, polícia). A pós-modernidade, consumidora de informação, motiva e controla basicamente pela sedução (personalização, comunicação, erotismo, moda, humor).

Seduzir quer dizer atrair, encantar artificialmente. O cotidiano, hoje, é o espaço para o envio de mensagens encantatórias destinadas a fisgar o desejo e a fantasia, mediante a promessa da personalização exclusiva. Self-service para *você*

escolher. Música 24 horas na FM para *seu* deleite. Esportes e massagens para *seu* corpo. À personalização aliam-se o erotismo, o humor e a moda, que não deixam espaços mortos no dia a dia. O teste é permanente. O erotismo vai dos anúncios ao surto pornô, passando pela cultura psi e seu convite ao desrecalque. O humor, outra sedução massiva pós-moderna, sabor dos tempos, descontrai e desdramatiza o social. Na arte moderna, ria-se com o absurdo, assunto sério. Atualmente, o lance é rir sem tensão, descrispar-se, desencucar-se. Slogans e manchetes recorrem ao trocadilho, à malícia (O fino que satisfaz). Cínico, vadio, Snoopy circula pelos jornais do mundo. Lojas recebem nomes gozados (Lelé da Cuca) e camisetas levam ditos divertidos. Sem calor, videogames e fliperamas forçam o relax. É normal locutores de rádio brincarem com os ouvintes e na TV noticiários são temperados com pitadas irônicas. Esse humor não é agressivo nem crítico. Busca um bem-estar *cool* (frio). "Não esquenta", "fica frio" dão o tom pós-moderno.

Porém o mais doido e acelerado cavalo de batalha em ação é a moda. Moda e modismos em alta rotatividade ditam o ritmo social. Oposta ao bom gosto moderno, com seu corte solene, alta costura, hierarquias, a moda pós-moderna vai de extravagância e liberdade combinatória, com humor na fantasia. O casual comanda o mix total: camisão com colete, paletó com minissaia, gravata com tênis. O *look* deve ser jovem e sexy, a invenção, personalizada e informal. Jorrando cores, a moda anima a festa mercadológica que é o cotidiano, e para isso promove a convivência de todos os estilos: retrô com futurista, esporte com passeio, lã azul com lycra laranja. E faz alusão à vestimenta oriental, militar, circense. Também danças, gírias, produtos, complementos — tudo vai e volta sob a batuta do novo. A função da moda é manter o sujeito mergulhado no presente, e, para que ele tenha como horizonte apenas o cotidiano, não para de botar brilho no vazio. Como dizia o Gil: "Quanto mais purpurina, melhor".

A essa altura, inteligente, o leitor deve estar pensando: mas o ambiente pós-moderno é pura ilusão! Quase. Empresas e tecnocratas levam uma grana alta! Levam. É puro trambique e mistificação em cima de gente alienada! Seria. Para que fosse, seria preciso explicar um detalhe desagradável: a *adesão* maciça dos indivíduos ao consumo. E não quaisquer indivíduos, mas gente escolarizada, bem-informada, pagando altos impostos. Não dá para chamá-los de alienados porque, como vimos nas várias deserções, eles não Querem o poder. Querem espetáculos e bons serviços. E, repetindo, sabem que no frigir dos ovos terão de trabalhar sem estar no poder em qualquer regime, dada a complexidade das sociedades atuais. O problema é outro. A riqueza pós-industrial é em grande parte financiada pelos países em desenvolvimento, pois o capitalismo avançado se fez multinacional. Vem para cá a indústria pesada e suja (aço, automóveis), ficam lá as leves e limpas (eletrônica, comunicações). Seu controle social pode ser *soft* (brando, pela sedução), mas o nosso tem de ser *hard* (moderno, duro, policial, na base do cassetete).

Eu me amo, eu me amo, eu não consigo viver sem mim

Se o neoindividualismo conduziu a massa fria, a nebulosa atomizada à desmobilização, o que está acontecendo ao indivíduo pós-moderno? Ele é o narcisista acossado pela *dessubstancialização do sujeito*. Vamos destrinchar isso.

Em 22/04/84, o jornal *Le Monde* publicou o retrato falado do novo egoísta em ação. "Pragmatismo e cinismo. Preocupações a curto prazo. Vida privada e lazer individual. Sem religião, apolítico, amoral, naturista. Narcisista. Na pós-modernidade, O narcisismo coincide com a deserção do indivíduo cidadão, que não mais adere aos mitos e ideais de sua sociedade."

Esse esboço contraria da cabeça aos pés o indivíduo burguês e moderno. Antes, porém, uma banda filosófica. No ocidente, o sujeito humano, em oposição ao objeto, era até há pouco o senhor absoluto do conhecimento racional, da liberdade, da criação. Há décadas, no entanto, as Ciências Humanas vieram borrar essa imagem, ao descobrir seus condicionamentos e limites. A psicanálise revelou-o o escravo do seu inconsciente irracional. O marxismo deu-o como escravo da sua classe social e um átomo insignificante na massa. E a linguística disse que seu pensamento criador era na verdade escravo das palavras. Falou-se então até na "morte do sujeito".

Assim o indivíduo burguês, que supunha uma identidade fixa e uma liberdade total, aferrado ao dinheiro como capital tanto quanto a princípios morais e a valores sociais, esse sujeito dançou. Os modernos, na arte, começaram a caricaturar seu retrato, a expor sua falsidade. Os indivíduos pós-modernos, na prática, vêm tendendo ao máximo à sua dissolução.

Na ambiência pós-moderna, espetáculo, simulação, sedução, constituem jogos com signos. A esse universo informacional, sem peso e desreferencializado, só pode corresponder um sujeito informatizado, leve e sem conteúdo. É o *Narciso dessubstancializado*. *Narcisismo* (amor desmedido pela própria imagem) e *dessubstancialização* (falta de identidade, sentimento de vazio) resumem o sujeito pós-moderno.

Vimos na fabulazinha que o urbanoide pós-moderno podia ser uma *criança radiosa*, aquela dedicada ao hedonismo consumista, cultuando narcisicamente seu ego. O micro facilita-lhe a vida. Mil serviços trabalham sua aparência. A cultura psi lhe dá massagens mentais. Sempre na moda, seu gosto é eclético: vai de *ET* a Fassbinder no cinema, do poema pornô a Borges em literatura. Versátil, desenvolto, o sujeito *blip* — feito com fiapos de informação e vivências — não tem ego estável nem princípios rígidos. Descontraído, mutante, seu ego flutua conforme os testes das circunstâncias. É um experimentador, um improvisador por excelência, pondo mais ênfase na prática e na sedução que nas ideias. Narciso sem substância, a criança radiosa bem poderia ser a cantora Madonna — charme com raio laser.

Mas com essa criança glamurizada mora um outro — o *andróide melancólico*, também dessubstancializado e narcisista. Em sociedades movidas à informação acelerada, o sujeito também vira signo em alta rotação, sem substância por baixo. Os valores foram trocados pelos modismos, os ideais, pelo ritmo cotidiano. Saturado de consumo e informação, ele encosta no conformismo, refletindo a famosa apatia pós-moderna. Sem laços ou impressões fortes, sua apatia logo cai na depressão e na ansiedade, ambas melancólicas. A melancolia, sentimento frio, é o último grau da apatia — *a doença da vontade* — prevista por Nietzsche para o homem ocidental quando ele fosse o andróide programado pela tecnociência. Temendo a robotização, mas sem projetos, sua vida interior é sem substância. Absorvido em si e nostálgico, sempre a analisar-se como Narciso, sua sensação mais comum é de irrealidade. O androide melancólico bem poderia ser Woody Allen, com seu desencanto humorado e frio.

Criança radiosa e androide melancólico são modelos ideais que, em doses variadas, entram na sensibilidade dos indivíduos pós-modernos. Eles espelham ainda os dois niilismos da atualidade: o niilismo ativo da criança radiosa, que acelera a decadência em direção a um possível Renascimento; e o niilismo passivo, do androide melancólico, desorientado pelo fim dos valores tradicionais, amedrontado pelo apocalipse — nuclear ou ecológico.

Agora, pondo na mesma cama Madona e Woody Allen, que criatura eles iriam gerar? Sem dúvida que Boy George. Fixem os vários visuais dele. Em todos eles aparecem: homem e mulher/ colorido e branco/ infantil e programado/ desenvolto e apático/ permissivo e frio/ fascinante e melancólico/. Boy George não tem a unidade nem a identidade fixa do indivíduo burguês, moderno. Múltiplo, ele é o próprio *sincretismo* pós-moderno. O indivíduo atual é *sincrético*, isto é, sua natureza é confusa, indefinida, plural, feita com retalhos que não se fundem num todo. Por isso, nas definições da sensibilidade pós-moderna as palavras nunca batem: apatia desenvolta, desencanto extravagante, narcisismo melancólico. Tomemos a apatia desenvolta.

Apatia quer dizer insensibilidade, indiferença, falta de energia. Desenvolta significa desembaraço, inquietação, personalidade. Os dois termos são quase contraditórios, mas convivem lado a lado no indivíduo pós-moderno. São fruto da programação oferecida pelo sistema e da personalização buscada pelo sujeito, duas coisas meio em choque. Mas a apatia desenvolta — a agitação sem felicidade — salta aos olhos quando, no indivíduo, se juntam vazio e colorido na danceteria, tédio e curiosidade ante um filme pornô, frieza e fascinação ante os dígitos na tela de um computador, banalidade e excitação no shopping center.

Por que isso? Porque no mundo pós-moderno, objetos e informação, circulando em alta velocidade, são descartáveis. Da mesma forma, os sujeitos também produzem personalidades descartáveis (Bom? Mau? Indecidível, ninguém sabe). São simulacros espetaculares e sedutores de si mesmos. (Vide a importância da maquilagem. David Bowie, de baton, declarou: "quando me canso das minhas expressões, maneirismos, aparência, me dispo deles e visto uma nova personalidade").

Ao mesmo tempo, num mundo de máquinas frias iguais ao computador, que só funciona em ambientes com temperatura inferior a 18°C, os sujeitos também espelham frieza, distância, indiferença. Assim, o ritmo agitado criado pelo descartável e o novo, aliado à frieza do ambiente tecnológico, bem podem explicar a apatia desenvolta e a dessubstancialização do Narciso.

O sujeito pós-moderno é a glorificação do ego no instante, sem esperança alguma no futuro.

DEMÔNIO TERMINAL E ANJO ANUNCIADOR

e, e, e, e, e, e, e,

Conseguimos dar corpo ao fantasma do pós-modernismo. Sob esse rótulo, em contraste com o modernismo, descrevemos as mudanças ocorridas nas sociedades pós-industriais desde os anos 1950. Tais mudanças afetaram as ciências, a tecnologia, as artes, o pensamento, o social, o individual e começaram a delinear um ambiente e condição inéditos para o homem.

O ambiente pós-moderno, instalando-se como uma teia na paisagem moderna, é o cotidiano povoado pela tecnociência (micros, vídeos, laser, biotecnologia, medicina nuclear) e o diabo a quatro em bens e serviços para o indivíduo consumir num pique de liberação e personalização, onde é importante o papel dos modelos gerados pela publicidade e os mass media. É um ambiente mais para *cool* (frio), pois o chip é sem calor, enquanto o automóvel, deus moderno, é uma máquina *hot* (quente). Socialmente, ele se inclina para o *soft* (brando) pela informação, comunicação e sedução, contra o *hard* (duro) moderno, que privilegiava a indústria, a crítica, a luta de classes, a polícia, a tensão.

Desdefinição da arte levada a consequências extremas.
("Before or after: Permutations", 1972, Wegman, Traverses, nºs 33/34, pp. 162-3)

Quanto à condição pós-moderna, aí o buraco é mais embaixo. Condição quer dizer: como é que as pessoas sentem e representam para si mesmas o mundo onde vivem. Ora, a condição pós-moderna é precisamente a dificuldade de sentir e representar o mundo onde se vive. A sensação é de irrealidade, com vazio e confusão. Só se fala em desencanto, desordem, descrença, deserto. É como se a lógica e a imaginação humana falhassem ao representar a realidade, e alguma coisa estivesse se esvaziando, zerando. Olhemos o quadro abaixo. Sacamos que o *pós* continha vários *des* (princípio esvaziador). Outros *des* poderiam ser apontados. Com que soma algébrica, com que resultado?

Des - referencialização	do	Real
Des - materialização	da	Economia
Des - estetização	da	Arte
Des - construção	da	Filosofia
Des - politização	da	Sociedade
Des - substancialização	do	Sujeito
Des -	. .	. . . .
Des -	. .	. . . .

Soma = Z E R O da . . .

Um minuto mais. Parece claro como água que esta série de *des* está esvaziando todas as ordenadas estáveis com que o Ocidente, até a modernidade, representou o mundo para si mesmo: o Real são os referentes (não os simulacros), a Economia é matéria feita energia (não informação), a Sociedade são os ideais políticos dos cidadãos e do Estado (não as causas minoritárias). Pois salve-se quem puder, porque essa representação está sendo esvaziada e, no limite, um dia poderá ser zerada.

Devagar com o andor. Para representar as coisas com clareza precisamos organizar e para organizar precisamos de identidades fixas e definidas, que permitam separar isto daquilo: preto ou branco, rico ou pobre, real ou imaginário. A representação clara, ordenada, funciona na base do OU, que é separação e exclusão. Até a modernidade, trabalhou-se assim: era-se capitalista *ou* socialista, normal *ou* louco, culto *ou* analfabeto.

Agora mergulhe na geleia geral pós-moderna. Pense na confusão mundial, cheia de ameaças. E no gigantismo, nas complexidades inimagináveis dos sistemas. E nas mágicas da tecnociência: robôs japoneses que dançam valsas, e micros com 1 milhão de operações por segundo, e romances telemáticos para o leitor ler no vídeo, não seguindo o enredo, mas montando o seu enredo, e máquinas sutis capazes de registrar até 1 nanossegundo (0,000000001 s), proezas impossíveis para a mente humana. A tecnociência, inclusive com seus meios poderosos de simulação, como o som de flauta que não vem de flauta, está alterando as formas humanas de pensamento, percepção, tempo e espaço.

E pense ainda em Boy George — o homem *e* mulher, e na moda unissex — masculina *e* feminina, e no vulcapiso — borracha *e* mármore, e na arquitetura — barroco *e* moderno *e* clássico, e na escultura com laser — massa *e* luz, e no sujeito blip — apatia *e* desenvoltura.

A imaginação e a inteligência broxam. Nada tem identidade definida. Não se distingue o verdadeiro do falso. Só há combinações, ecletismos. Está-se passando de uma lógica fundada no OU para uma lógica calcada no *e*. Com isso, não se pode separar nem ordenar, ou seja, representar. Aqueles *des* esvaziadores, no limite, darão como soma o ZERO DA REPRESENTAÇÃO. Na condição pós-moderna, num ambiente saturado com informações tão volumosas, tão rápidas e tão complexas, o sujeito humano não consegue mais representar o mundo em que vive. Ele se dissolve em blip num real desfeito em bit. Assim, todo o rebu pós-moderno passa por um paradoxo muito louco: NÃO SE PODE REPRESENTAR O FIM DA REPRESENTAÇÃO!

Sem identidade, hierarquias no chão, estilos misturados, a pós-modernidade é isto *e* aquilo, num presente aberto pelo *e*. A tecnociência avança, maravilhosa, programando tudo, mas sem rumo. O sujeito blip, sem perseguir uma identidade única, harmoniosa, vive a vida justapondo lado a lado suas vivências: *e, e, e, e*. Vivências pequenas, fragmentárias, porque não se crê mais em totalidades ou valores maiúsculos tipo Céu, Pátria, Revolução, Trabalho, mas se prestigia a prática na micrologia do cotidiano. Assim posto, enfim, o pós-modernismo continua a flutuar no indecidível. Não há como decidir. Fim do moderno e começo do pós-moderno. E demônio terminal e anjo anunciador. Na condição pós-moderna, como já se disse, a vida não é um problema a ser resolvido, mas experiências em série para se fazer. Abertas ao infinito pelo pequenino *e*.

INDICAÇÕES PARA LEITURA

Há pouquíssimos livros sobre pós-modernismo publicados em português. Mas você, caso entre numa, poderá se aprofundar no assunto encarando um tijolo de 500 páginas chamado *A Terceira Onda*, de Alvin Toffler (Ed. Record), best-seller importante sobre as sociedades pós-industriais. Trabalho dos mais inteligentes é *A Máquina de Narciso*, de Muniz Sodré (Ed. Achiamé), evidenciando os ardis pelos quais a televisão vem forjando o mundo de hoje como telerrealidade. Imperdível, inclusive pelo prazer da leitura, é *A Viagem pela Irrealidade Cotidiana*, de Umberto Eco (Ed. Nova Fronteira), um passeio intrigante e bem-humorado pelas extravagâncias das sociedades pós-modernas. Igualmente proveitosa é a leitura de *A Cultura do Narcisismo*, de Cristopher Lasch (Ed. Imago), estudo sobre o apego narcisista do indivíduo a si mesmo, com estilo meio contestador. Para checar os aspectos filosóficos e sociais das artes moderna e pós-moderna, especialmente na arquitetura, é bom abrir o compacto, mas denso *Da Vanguarda ao Pós-Moderno*, de Eduardo Subirats (Ed. Nobel). Finalmente, se você nunca esteve com uma granada niilista nas mãos, vá correndo pegar o panfleto altamente explosivo (mas cerebral) do francês Jean Baudrillard intitulado *À Sombra das Maiorias Silenciosas* (Ed. Brasiliense).

SOBRE O AUTOR

Sou poeta, ficcionista e ensaísta. Nasci em 1946 em Cornélio Procópio, norte do Paraná. Desde 1971 resido no Rio de Janeiro, onde me formei em Comunicação e Editoração pela UFRJ, tendo em preparo atualmente dissertação de mestrado sobre Pósnismo. Sou autor do livro de contos *Kafka na Cama* (Civilização Brasileira — 1980) e do volume de poemas *A Faca Serena* (Achamé — 1983), premiado pela Associação dos Críticos de Arte de São Paulo. Gosto de jazz, de futebol, de cinema e de longas caminhadas. Montale, Hart'Crane, Wallace Stevens e Mário Faustino estão entre meus poetas favoritos. Osman Lins, Clarice Lispector, John Barth, Jonh Updike, Kafka, Musil e Proust são ficcionistas que mais admiro. Trabalho presentemente em um novo livro de contos — Corações Gentis.